KORNKREISE

EINE GEHEIMDIENSTOPERATION

Hintergründe - Militärgeschichtliche Analyse
Techniken - Fakten

Von
Oliver Tonio Stoll

ISBN: 978-3-87249-392-7

Artikelnummer: 1100

1. Auflage 2021

Impressum:

Druck und Herstellung

Carl Gerber Verlag

Titelbildidee

Carl Gerber Verlag GmbH

INHALTSVERZEICHNIS

DER AUTOR

Liebe Leserin, lieber Leser,

mein Name ist Oliver Stoll, bin Jahrgang 1957 und das Kind zweier kriegsbedingter Migranten aus Schlesien und dem Sudetenland. Meine Eltern mussten in der Endphase des 2. Weltkrieges aus ihrer Heimat flüchten. So war es kein Wunder, dass ich in bescheidensten Verhältnissen aufgewachsen bin und der Krieg stets präsent in meinem Leben war. Doch auch der ärmste Junge hat in der Nachkriegszeit Schere, Papier und Klebstoff zur Hand. So baute ich mir mein Spielzeug selbst. Nach meiner Schulzeit erlernte ich den Beruf eines Kaufmanns. Für den Dienst bei der Bundeswehr wurde ich ausgemustert, weil ich übergewichtig war.

Über mein Hobby Modellbau kam ich zur Reservistenarbeitsgemeinschaft (RAG) Militärgeschichte. Da mich Geschichte seit meiner frühen Kindheit interessiert, habe ich für meine RAG, deren 2. Sprecher ich heute bin, über 20 Jahre hinweg zu vielen militärgeschichtlichen Themen Vorträge erarbeitet und bei interessierten Vereinen und Gruppierungen darüber referiert. Mein Augenmerk richtete sich dabei speziell auf die Marinerüstung von 1860 bis 1945 und über die Arbeit der Geheimdienste. Bei dieser Tätigkeit bin ich auf zahlreiche Ungereimtheiten gestoßen, für die ich in der Geschichtsschreibung keine Erklärungen gefunden habe.

Nach dem 2. Weltkrieg trat das Phänomen der nicht identifizierten Flugobjekte auf und damit kam die Frage auf, ob es Leben außerhalb der Erde gibt und Außerirdische vielleicht die Erde besuchen bzw. bereits hier präsent sind.

Wegweisend für meine weitere militärgeschichtlich Forschungsarbeit war die Entschlüsselung der deutschen Funksprüche während des 2. Weltkrieges durch die Alliierten, die Operation ULTRA. Ich verband daraufhin die Aufzeichnungen der sogenannten Ufologie, der Geheimdienstarbeit und der Militärgeschichte.

Nach Jahren entstand daraus das Buch: „Das geheime deutsche Erbe", das meistens nur ungläubiges Staunen, Kopfschütteln und oft nur mitleidiges Grinsen in den Gesichtern der Leser hervorrief.

Mir wurde im Herbst 2020 ein Handyvideo gezeigt, das ein fast völlig unsichtbares Flugobjekt bei einer Bruchlandung in einen Acker zeigte. Im Internet bekam ich gleichzeig ein YouTube-Video zu sehen „Kornkreise und Lichtkugeln". Diese Filmaufnahmen waren der Anlass für meine Ermittlungen zu den Kornkreisen, die ich im nachfolgenden Buch niedergeschrieben habe.

Gambach, im August 2021

PROLOG

Über die Entstehung der Kornkreise gibt es vielfältige Vermutungen, wie Hokuspokus, Botschaften Außerirdischer, bierselige Bauernstreiche, Geister und was sonst noch alles möglich wäre. Ja, von allem wäre ein bisschen möglich.

Die Kornkreise sind nun einmal Tatsache, diese Kunstwerke auf den Getreidefeldern, vor allem in Mitteleuropa. Da wird gerätselt und geraten was Phantasie und Alkohol hergeben.

Sicherlich wurden Kornkreise auf Feldern des Nachts mit Seilen und Brettern von Leuten mit mehr oder minder großem Talent angelegt.

Natürlich haben sich die Burschen einen Ast gelacht, wenn Besucherströme zu den Kornkreisen kamen. Von den Besuchern haben die einen den lieben Gott gesehen, die anderen Aliens und die nächsten den Weltuntergang. Wenn der Bauer schlau genug war, hat er Eintritt verlangt und der Phantasie der Leute freien Lauf gegeben.

Nun gut, es mag ja sein, dass hier und da launige Trittbrettfahrer des Nachts Alien gespielt haben. Das dicke große Aber ist, dass es viele dieser Kornkreismuster gibt, die mit derartiger Kunstfertigkeit ausgeführt wurden, dass Familie Hooligan getrost von jeder Schuld freigesprochen werden kann. Oder waren es doch Außerirdische oder der Geist von Leonardo da Vinci? Nein, eher nicht. Wir könnten jetzt die Ufologen bemühen, die ich im Übrigen sehr schätze, aber nein, das mache ich nicht. Auf die Ufologen werde ich werde später noch eingehen.

Ich selbst bin ja kein Ufologe, sondern ein passionierter Militärgeschichtler. Wenn sie sich jetzt fragen, was Kornkreise mit Krieg zu tun hat, dann müssen Sie mir in die Abgründe des 2. Weltkrieges, des kalten Krieg, der deutschen Wiedervereinigung und von Europa des 21. Jahrhunderts folgen. Es werden die teils verstaubten Schubladen durchforstet, auf denen „GEHEIM“ oder besser „TOP-SECRET“ und manchmal auch „TOP-SECRET UMBRA“ steht. Dabei wird man auf Lügen, Verschleierung und Abgründe stoßen, die uns dieses Buch beiseitelegen lassen, um voller Zweifel gen Himmel zu sehen, vielleicht auch aus Verzweiflung.

Ein Bild hat mich auf den Weg gebracht. Also lassen sie uns das Rätsel der Kornkreise nun gemeinsam lösen. Wie bei jedem richtigen Rätsel, wird an seinem Ende ein Neues stehen.

KAPITEL 1
VERSCHWÖRUNGSTHEORIEN UND ANDERER MÜLL DER GESCHICHTE

Ich behaupte, dass es zu Kornkreisen und anderem „Müll" der Geschichte Verschwörungen gibt. Damit könnte ich mich der Gefahr aussetzen, nach Veröffentlichung meiner Argumente sogleich in die Psychiatrie überstellt zu werden.

Ist meine Behauptung über Verschwörungen zu Kornkreisen ein weiteres „Kikeriki" oder ein weiterer Hahnenschrei eines Gespenstersehers? Tatsache ist es für mich, dass die Bevölkerung vieles nicht wissen darf, was hinter den Kulissen der Kriege und der Politik getrieben wurde und wird. Wenn wir Kenntnis über die „geheimen Spielchen“ darüber hätten und dies auch artikulieren würden, genau, dann wären wir auch Verschwörungstheoretiker. Na, Bravo! Und damit wären wir keinen Deut besser als derjenige, der mit einem Hut aus Alufolie dasitzt und sich vor irgendwelchen Strahlen fürchtet oder der mit einem Fernglas in der Hand auf die Außerirdischen wartet, oder der, der meint, dass die Götter Astronauten waren. Oder doch?

Ich behaupte also nichts anderes, als dass die Geschichte lügt. Das heißt aber nicht, dass unsere Geschichte ein Produkt von Autoren ist, ganz und gar nicht. Das was geschrieben ist, ist auch passiert. Aber was ist hinter der Fassade unseres Geschichtsbuches passiert? Ach ja, das ist dann eine Verschwörungstheorie.

Wenn wir an einer Straßenkreuzung der Geschichte angelangt sind, sollen wir aufgeben? Also ich wäre nicht dafür, sondern für ein Weiterforschen, so wie ein Kriminalbeamter, der einen Verbrecher sucht. Auch der Verbrecher will seine Spuren verwischen. Haben Sie schon einmal von unschuldig Verurteilten durch gravierende Fehlurteile gehört? Die Frage, wie diese aufgedeckt wurden, kann ganz einfach beantwortet werden: Irgendjemand ist über die Akte des abgeschlossenen Kriminialfalles „gestolpert“, hat diese gelesen und sich gedacht, dass etwas nicht stimmen kann und hat weitergeforscht. Nicht immer konnte der wahre Täter ermittelt werden, aber es wurde doch die unschuldig verurteilte Person entlastet.

Auch der polnische Journalist Igor Witkowski hat geforscht und ihm haben wir die Geschichte mit der „Nazi-Glocke“ zu verdanken. Solche forschenden Leute riskieren zum Teil ihr Leben und Ansehen, wenn sie Geheimprojekten auf der Spur sind und so manchem Geheimdienst im Weg stehen. Entweder werden sie zum Schweigen gebracht oder lächerlich gemacht. Ich habe einmal im Fernsehen die Bezeichnung „Detektive der Geschichte" gehört. Der polnische Journalist ist für mich ein wirklicher Detektiv der Geschichte.

Die wahren Detektive der Geschichte sitzen am Straßenrand der Zeit und sehen diejenigen, die vorbeifahren.

Sie sind wie Schleierfahnder an der Autobahn. Diese Leute machen diesen Job schon länger, kennen ihr Klientel und haben dafür einen Blick: Schmuggelware, Menschenhandel, was auch immer.

Auch die Geschichte ist eine Straße, die in die Zukunft führt. Die Leute, die an dieser Straße stehen, tragen keine Uniform, und es sind wenige. Aber es gibt keine „Geschichtspolizeischule".

Ich sitze also auch, hoffentlich mit Ihnen, an dieser Straße in die Zukunft. Die vorbeifahrenden Fahrzeuge von der einen Seite haben Lug und Betrug und von der anderen Seite die in Deutschland geplünderten Werte geladen. Auch die Asche unzähliger Toter ist dabei.

Und das gedenke ich dem Gericht der Geschichte in seiner Revisionsverhandlung vorzutragen. Und ich werde es, verdammt noch mal, beweisen, auch wenn ich an dieser Stelle die erste Ermahnung ob meines groben Tones bekommen werde.

Auf einen groben Klotz gehört ein grober Keil. So lautet ein altes Sprichwort. Gott sei Dank haben wir eine Demokratie, die Freiheit der Presse und - nicht zu vergessen - Meinungsfreiheit! Gerade wir Deutsche dürfen nicht vergessen, was wir uns aus Strömen von Blut und Leid erschaffen haben, auch wenn nicht alles so perfekt ist. Niemand ist vollkommen, auch kein Politiker, auch wenn so mancher der Herren mit so manchem Herrn befreundet ist. Gerade das Stichwort „Freunde" lässt mich nicht in Ruhe. Hat Deutschland Freunde? Ach ja, da fällt mir doch ein Land jenseits des Atlantiks ein. Die USA, das Land, dessen unersättliche Gier uns Deutsche erst ins Verderben getrieben hat, das dann aber großzügig die Hand zur Versöhnung gereicht hat, nachdem das Land geplündert war. Bei der Plünderung denke ich an all die deutschen Patente, die später in den USA für jedermann frei nutzbar waren, und daran, dass die Hälfte Deutschlands an Helfer und Mitkämpfer verkauft wurde. Schlechter erging es meiner Meinung nach nur Polen. Dieses leidgeprüfte Land wurde Vasallenstaat der Sowjetunion.

Oh, waren wir was anderes als ebenfalls ein Vasallenstaat?? Deutschland wurde geteilt. Es entstanden die Bundesrepublik Deutschland und die Deutsche Demokratische Republik. Dann kam der „Kalte Krieg" und die Bundesrepublik Deutschland wurde gebraucht. Dies war unser aller Glück, denn die USA wussten absolut nichts über den einstigen Verbündeten und nunmehrigen neuen Feind im Osten: Die Sowjetunion. Mit Zustimmung und Unterstützung der USA wurde im Frühjahr 1946 ein Nachrichtendienst gegründet worden, der einige Zeit später den Namen „Organisation Gehlen" erhalten hat, in Pullach bei München angesiedelt war, und aus dem im Jahr 1956 der Bundesnachrichtendienst entstanden ist. Chef der „Organisation Gehlen" war Reinhard Gehlen. Reinhard Gehlen war im 3. Reich der Leiter der Abteilung „Fremde Heere Ost" gewesen und hatte aus dieser Tätigkeit hinreichend Erfahrung in der Geheimdiensttätigkeit. Die „Organisation Gehlen" war meiner Meinung nach Deutschlands letztes Glück.

Ich bin vom Thema abgekommen, denn es hätte ja gereicht zu schreiben, das mit den Kornkreisen waren die „Amis", Punkt. Nein, liebe Leser, das reicht meiner Ansicht nach nicht aus. Ich will den ganzen „Sumpf" trockenlegen und bis zur letzten „Schraube" zerlegen. Dazu gehört für mich auch die politische Situation, damals und heute.

Da ich kein Ufologe bin, sondern ein passionierter Militärgeschichtler, stellt sich auch die Frage, was Kornkreise mit Krieg zu tun hat. Dazu muss man die Abgründe des 2. Weltkriegs, die Zeiten des „Kalten Krieges" und der deutschen Wiedervereinigung sowie das Europa des 21. Jahrhunderts betrachten. Bei der Durchforstung von teils verstaubten Schubläden, auf denen „GEHEIM" oder besser „TOP-SECRET" und manchmal auch „TOP-SECRET UMBRA" steht, wird man auf Lügen, Verschleierungen und Abgründe stoßen, die Anlass geben, dieses Buch erstmals beiseite zu legen, um voller Zweifel – vielleicht auch aus Verzweiflung - gen Himmel zu sehen.

Die Frage ist ja auch, sind die Kornkreise in den Getreidefeldern Botschaften Außerirdischer.

Es müssen die Strukturen des Verursachers ergründet werden und man muss Verinnerlichen, warum was geht und was nicht möglich ist. Eine alte Kriminalistenregel besagt, versetze dich in die Rolle des Täters, erkenne seine Motive und finde seine Schwachstelle. Und dann nagle ihn fest!

UND DAS GENAU TUN WIR JETZT!

KAPITEL 2
PERSÖNLICHE BETRACHTUNG DER AUSWIRKUNGEN DER BEIDEN WELTKRIEGE

Wie wäre die Geschichte nach Beendigung des 1. Weltkrieges wohl abgelaufen, wenn ein für Deutschland günstigerer Friedensvertrag zustande gekommen wäre und keine riesigen Vermögenswerte an England und Frankreich und die USA abgeliefert worden wären? Aber Deutschland wurde durch den Versailler Vertrag so geknebelt, dass der Golem in Gestalt eines Herrn mit Bärtchen geweckt werden konnte.

Merken sie, liebe Leser, in ganz weiter Ferne schimmert ein Kornkreis. Aber gut, weiter im Text. Den Kriegsausgang kennen wir.

Die Bänker sicherten sich nach dem 1. Weltkrieg auf Kosten vieler, vieler Leben aller Rassen und Länder ihre Kredite. Nein, das behaupte nicht nur ich! Es war auch die erste Plünderung Deutschlands. Sie mündete in den Nationalsozialismus und in den nächsten Krieg mit Millionen von Toten und Pogromen! Die, die es letztendlich verursacht haben, bleiben unerkannt im Dunkeln aus Angst um ihr Geld.

Sie waschen ihre Hände in Unschuld unter ihren goldenen Wasserhähnen. Schuld an allem (Krieg und Wirtschaftszusammenbruch) waren ja die Deutschen.

Ab 1905 ist im pazifischen Raum Japan auf der Weltbühne erschienen und das sehr expansiv und brutal, um seinen Machtbereich zu erweitern. Japan hatte nämlich einen gravierenden Nachteil: Es war und ist unglaublich rohstoffarm und hatte vor allem keine Ölreserve und Rudern war in dieser Zeit schon lange aus der Mode.

Das Kaiserreich Japan stand allerdings der US-Expansion im Wege, so dass Ende der dreißiger Jahre also Sanktionen gegen dieses verhängt wurden. Es war die Zeit der „Black Chamber", der gezielten Funkentschlüsselung gegen Japan.

Der Würgegriff durch die USA führte zur Machtübernahme der Hardliner in Tokio und des Weiteren zum Angriff auf Pearl Harbour.

Den USA war bekannt, dass ein Angriff durch Japan bevorstand. Zugegeben haben sie es auch, weil man stolz auf seine Leistung war. Alles Dechiffriert! Vorher! Dreitausend Leute und ein paar nutzlose Schlachtschiffe wurden geopfert. Die Flugzeugträger hatte man rechtzeitig aus dem Hafen beordert. Man brauchte einen Kriegsgrund, um die Bürger aufzuhetzen.

Erkennen Sie nun die Wichtigkeit der Aufklärung, Spionage und Dechiffrierung? Diese Lektion nahm man mit in den 2. Weltkrieg und vor allem in die Zeit danach.

Die Geschichte mit der außerirdischen Technik verschob dann die Wichtigkeit der Operationen nach Europa. Letztendlich ein voller Erfolg der USA und ihres Militärs.

Deutschland war nach dem 2. Weltkrieg „im Eimer" und seine Wissenschaftler in die USA umgesiedelt.

Der Rest ist bekannt: Auferstanden aus Ruinen ...

Was haben wir daraus gelernt? Man muss die Menschen motivieren! Dann sind sie auch bereit, dem Nachbarn die Gurgel umzudrehen. Und die Aufklärung muss lückenlos funktionieren.

War dann Frieden? Nein, Korea, Vietnam: Kein Jahr ohne amerikanische Abenteuer kriegerischer Art und dies natürlich alles für den Frieden, den lieben Gott und die Demokratie sowie im Namen der Gerechtigkeit! Halt: Die Freiheit habe ich vergessen. Es ist nur die Frage, Freiheit für von wem und für wen.

Die USA sind meiner Meinung nach die aggressivste Nation der Erde. Ihre Taten sind selbsverständlich Heldentaten. Was die anderen machen ist natürlich Terrorismus.

Ich möchte an dieser Stelle erwähnen, dass die Krim seit Ende des 18 Jahrhunderts zum russischen Kaiserreich gehörte. Während des Bestehens der Sowjetunion wurde sie im Jahr 1955 der Ukrainischen Sowjetrepublik angegliedert. Nach Auflösung der UdSSR verblieb sie bei der Ukraine. Die Krim ist und war aber russisch und nicht ukrainisch. Auch die Bevölkerung ist russisch und in einem Referendum entschied man sich für den Verbleib bei Russland. Russland hat im Jahr 2014 die Krim besetzt.

Warum dieser Zirkus? Ganz einfach, Odessa ist seit Ende des 18. Jahrfhunderts die traditionelle Heimat der russischen Schwarzmeerflotte. Den beherrschenden Hafen zu übernehmen wäre von höchstem strategischen Interesse der USA. Im Asow`schen Meer wäre die russische Flotte eingesperrt und somit nutzlos. Die Frage ist, wie viele Menschen die US-Propaganda für die Wahrheit halten.

Die USA sind in ihrer grenzenlosen Gier allerdings der Meinung, dass dies nicht rechtens ist und verhängten daher Sanktionen gegen Russland. Das ist für mich ein Drecksspiel und was dabei wichtig ist, ist die militärische Aufklärung, um zu wissen, was gespielt wird und wer dabei mitmischt. Dafür haben die USA das National Reconnaissance Office (NRO).

Wenn ich an Aufklärung denke und an geheimdienstliche Heldentaten, fällt mir auch eine Verschwörungstheorie ein: 9/11. Ob etwas explodiert ist oder nicht, es wird diskutiert bis das Bier ausgeht. Dabei hat doch einfach „wegsehen" gereicht! Aber einen Flieger ins Weiße Haus krachen lassen, das geht doch etwas zu weit. Das mit dem Pentagon musste man wohl in Kauf nehmen, sonst würde es doch auffallen. Und Hurra, der nächste Krieg! Es ist alles wie ein Schachspiel. Aber wenn Sie dieses Buch gelesen haben, dann wissen Sie wie effektiv die US-Aufklärung arbeitet. Dann können Sie sich über 9/11 eine eigene Meinung bilden.

Oh, kennen sie den Witz: *Sitzt ein Bauer im Wirtshaus, kommt der Wirt und sagt zum Bauer: Deine Scheune brennt! Sagt der Bauer: Oh, was, jetzt schon?*

Warum muss ich in diesem Zusammenhang an den Präsidenten Bush jun. denken, als er über 9/11 informiert wurde?

KAPITEL 3
DER PLAYER IM HINTERGRUND - DIE USA

Mit dem Player im Hintergrund sind die Vereinigten Staaten von Amerika (USA) gemeint. Dieses Land war bis auf kurze Perioden laufend in Kampfhandlungen verstrickt. Ich beginne mit dem amerikanischen Bürgerkrieg (Sezessionskrieg) von 1861 bis 1865 zwischen den Nord- und Südstaaten. Da kann ich meine Passion nicht verleugnen, dass dies militärhistorisch eine sehr interessante Zeit ist. Die Nordstaaten waren letztendlich siegreich. Das industrielle Potenzial hat den Kampf entschieden. In dieser Bürgerkriegszeit hatten die Nordstaaten bereits die größte Marine der Welt. Warum wurde Krieg geführt? Zur Befreiung der Sklaven und die Abschaffung der Leibeigenschaft. Nun, das war ein genialer Propagandatrick. Was vergessen ist, dass auch in einigen Nordstaaten die Sklaverei bestand. Durch den Sieg der Nordstaaten im amerikanischen Bürgerkrieg konnte letztendlich die Union erhalten werden.

In den Jahren nach dem Bürgerkrieg waren die USA vor allem mit inneren Angelegenheiten beschäftigt, sprich, mit der Landnahme im Westen und der damit verbundenen Unterdrückung, Umsiedlung und Ausrottung der Indianer. Wenigstens der Ankauf von Alaska ging ohne Blutvergießen ab.

Die Marine jedoch war nach Ende des Bürgerkrieges stark abgebaut worden. In den späten Jahren des vorletzten Jahrhunderts wurde jedoch ein bescheidenes Bauprogramm für Schiffe aufgelegt. So ging auch die USS Maine zu Wasser, ein Panzerkreuzer mit einer sehr bescheidenen Konstruktion. Dieses wenig taugliche Schiff beging jedoch im entscheidenden Augenblick eine „Heldentat". Die „Krücke" flog am 15. Februar 1898 im Hafen der kubanischen Hauptstadt Havanna in die Luft. Die USA beschuldigten Spanien, die USS Maine versenkt zu haben. Heute wissen wir, es war eine Munitionskammerexplosion auf der USS Maine, nicht die Einzige in diesem und späteren Jahren.

Die führenden Marinen der Welt um und nach der Jahrhundertwende bis zum 1. Weltkrieg verloren etliche Schiffe durch Munitionskammerexplosionen. Nicht vergessen darf man auch die hohen britischen Verluste in der Seeschlacht vor dem Skagerrak im Jahr 1916. Nur die Marine des Deutschen Kaiserreichs war davon nicht betroffen. Der Grund dafür war, dass die deutschen Konstrukteure zwischen Geschützturm und Munitionskammer zwei Schotte bzw. Panzertüren eingebaut hatten, die englischen Konstrukteure und die von ihnen inspirierten anderen Nationen dagegen nur eine Panzertür. Eine ausgeklopfte Tabakpfeife oder das Glutnest auf einem Stapel Putzlumpen genügte, um beim offenen Panzerschott ein Feuerchen zu entfachen und „rrrumms“ ging das ganze Schiff in die Luft.

Ein paar Unentwegte suchen heute immer noch die spanische Mine, die angeblich für die Explosion der USS Maine verantwortlich war, und werden wohl auch noch länger suchen.

Zwischen den USA und dem Königreich Spanien gab es Spannungen wegen Kuba. Die Absicht der USA, die Kolonie Kuba käuflich zu erwerben, war von Spanien abgelehnt worden. Nach der Explosion der USS Maine verwendete die amerikanische Presse den Ausspruch „Remember the Maine, to Hell with Spain!“ um für einen Krieg gegen Spanien zu werben. Die amerikanische Presse war dabei unglaublich hilfreich, die Bevölkerung aufzuhetzen. Die USA haben Ende des 19. Jahrhunderts begonnen, auf den Rest der Welt zu schielen und wollten sich, so wie europäische Mächte, Kolonien aneignen und ausbeuten. Was lag als erstes näher als Kuba, eine Kolonie Spaniens. Und Spanien hatte noch viele Kolonien im Pazifik.

Spanien, der alte Grande, wurde also am Kragen gepackt und im spanisch-amerikanischen Krieg im Jahr 1898 aus Kuba, Philippinen, Puerto Rico und Guam „rausgeprügelt". Während des spanisch-amerikanischen Krieges 1898 wurde nach dem Untergang des Königsreiches die im Jahr 1894 gegründete Republik Hawaii von den USA annektiert. Das Repräsentantenhaus als auch der Senat der USA hatten am 19. April 1898 beschlossen, dass Kuba von den USA nicht dauerhaft besetzt oder annektiert werden darf. Die USA sollten vielmehr militärische Mittel einsetzen, um die Unabhängigkeit von Spanien herzustellen. Kuba stand nach Beendigung des spanisch-amerikanischen Krieges noch Jahrzehnte in politischer und wirtschaftlicher Hinsicht unter dem Einfluss der USA. Nach dem Abzug der US-Truppen von Kuba verblieb bis heute lediglich der Stützpunkt Guantanamo in US-Besitz.

Mit dem spanisch-amerikanischen Krieg haben sich die USA auf der Welt präsent gemacht. Ich glaube, es war ein sehr wichtiges Ereignis der Weltgeschichte.

Ich darf an dieser Stelle an die Mahan`sche Theorie erinnern, die nach dem US-Marineoffizier Alfred Thayer Mahan benannt ist. Diese besagt: „Wer die Meere beherrscht, der beherrscht die Welt." Diese Theorie gilt bis heute und wird auch noch so praktiziert.

Um die Jahrhundertwende bauten die USA, Großbritannien und das Deutsche Reich ihre Kriegsflotten gewaltig auf. Die Qualität der Schiffe wurde verbessert, sodass die Zeit der schwimmenden Schrotthaufen vorbei war. Dieser Aufbau einer militärischen Hochseeflotte könnte als Zeichen zur Vorbereitung auf einen Krieg angesehen werden.

Durch die politischen Spannungen zwischen verschiedenen Staaten „brodelte" es in Europa. Nach dem Attentat von Sarajevo am 28.06.1914 brach der 1. Weltkrieg aus. Den wichtigen Kriegsgegnern Deutschen Reich, Österreich-Ungarn standen u.a. Frankreich, Großbritannien, Italien, Russland und ab 06.04.1917 die USA gegenüber.

Die amerikanischen Banken gewährten den Gegnern des Deutschen Reichs seit Beginn des 1. Weltkriegs im Jahr 1914 für die Lieferung von Kriegsmaterial, Industriegütern und Lebensmitteln erhebliche Kredite. Die USA erzielte durch diesen Handel enorme Gewinne.

Die Geschichte über die Versenkung des britischen Passagierschiffs LUSITANIA im Kanal ist bekannt. Das Schiff beförderte eine große an militärischer Munition. Unter den Toten beim Untergang am 07.05.1915 nach der Torpedierung durch das deutsche U-Boot „U 20" befanden sich auch amerikanische Staatsbürger. Die Beziehungen zwischen dem Deutschen Reich und den USA waren durch den Untergang der Lusitania sehr belastet. Das Deutsche Reich stellte daraufhin den „uneingeschränkten U-Boot-Krieg" bis Februar 1917 ein. Trotz der negativen Stimmung gegen das Deutsche Reich beteiligten sich die USA an dem Krieg noch nicht aktiv.

Ursachen für einen Kriegseintritt der USA waren die Wiederaufnahme des „uneingeschränkten U-Boot-Krieges", woraufhin u.a. das Passagierschiff „Laconia" versenkt wurde, und vor allem das vom britischen Marinegeheimdienst abgefangene „Zimmermann-Telegramm" vom Januar 1917, mit dem Mexiko vom Deutschen Reich über die Deutsche Botschaft in Washington D.C. ein Bündnisangebot gegen die USA unterbreitet wurde. Nach diesen Ereignissen bestand in der amerikanischen Bevölkerung Kriegsbereitschaft, so dass von der Regierung der Kriegseintritt beschlossen wurde.

Der Ausgang des 1. Weltkriegs ist bekannt. Deutschland war auf der Seite der Verlierer und wurde durch den Versailler Vertrag zu Reparationsleistungen an die Siegermächte verpflichtet.

Bereits im 1.Weltkrieg hat sich erwiesen, dass Nachrichtendienste wichtig für die militärische Aufklärung und das Dechiffrieren der übermittelten Nachrichten sind - und das war neu bei den Streitkräften.

Die USA traten im Jahr 1941 in den 2. Weltkrieg ein und waren in Europa, Afrika und Asien auf verschiedenen Kriegsschauplätzen aktiv. Gegner waren das nationalsozialistische Deutschland, das faschistische Italien und das imperiale Kaiserreich. Am Ende des 2. Weltkrieges waren die USA neben der Sowjetunion eine Weltmacht.

Die USA waren nach dem 2. Weltkrieg noch in folgenden Ländern an Kriegen, die fast jedem bekannt sein dürften, beteiligt.

1950 bis 1953 - Korea

1964 bis 1975 Vietnam

Jan. 1991 bis Feb. 1991 – Kuwait

Wenn ich alle US-Interventionen größerer und kleinerer Art aufzählen würde, dann reicht das Papier nicht mehr aus. Lassen wir es also bewenden.

KAPITEL 4
DIE ZWIESPÄLTIGKEIT DES PLAYERS
ZWISCHEN GLAUBE, GELD UND AGGRESSIVITÄT

„.. government of the people, by the people, for the people ...“ (Übersetzung: „... Regierung des Volkes, durch das Volk und für das Volk ...“

Diese kurze Textpassage stammt aus der wohl berühmtesten Rede aller Zeiten: Der “Gettysburg-Adress” von Abraham Lincoln, die dieser während des amerikanischen Bürgerkriegs am 19.11.1863 bei der Einweihung des Soldatenfriedhofs auf dem Schlachtfeld von Gettysburg gehalten hat.

Sie besagt nichts anderes als das, was die Gründerväter der USA dereinst wollten: Ein Land der Freiheit und Gerechtigkeit für jedermann. Aber was ist daraus geworden? Ein Land der Gier und des Krieges.

Wer regiert denn dieses Land? Das Volk?

Der Präsident? Einerseits regieren diejenigen, die die fetten Wahlkampfspenden für die Wahl des Präsidenten stiften. Diejenigen sind u.a. große Unternehmen und Organisationen, die sich durch die Politik des Präsidenten enorme Gewinne bei ihrer wirtschaftlichen Tätigkeit in den Bereichen Waffen, Öl, Technik und weiß der Teufel wo noch versprechen.

Die Bevölkerung mit derzeit ca. 330 Millionen Einwohnern andererseits? Von der Verfassung ist diese Frage mit "Ja" zu beantworten, da diese den einzelnen Bundesstaaten in allen Bereichen, die nicht zentral der Union der USA zustehen, Autonomie gewährt. So gibt es in den einzelnen Bundesstaaten eigene Landesgesetze u.a. zum Strafrecht (mit oder ohne Todesstrafe), zum Waffenrecht, zum Recht auf Abtreibung und zum Aufbau der Polizei.

In der Regel ist jeder Amerikaner ungeheuer stolz auf sein Land, das für ihn das beste der Welt ist! Die Kehrseite davon ist meiner Meinung nach, dass die Menschen oberflächlich und gleichgültig sind. Der überschäumende Nationalstolz erscheint mir bedenklich, ebenso wie der übersteigerte Klerikalismus in dem Land. Der liebe Gott ist überall vertreten, bei den Evangelikalen (z.B. den Baptisten und den Mormonen), den Protestanten und den Katholiken.

Heiligenschein oder scheinheilig?

Den jungen evangelikalen Christen wird gelehrt, dass Sex vor der Ehe Sünde sei.

Nicht nur deshalb gelten die Amerikaner als prüde, aber jedes zweite Wort „FUCK! Oh this motherfuckers“ Da kann man nur noch mit Weihwasser gurgeln.

<u>Persönliche Anmerkung:</u> *Nur gut, dass Präsident Clinton das Wort „Sex“ genau definiert hat. Es lebe hoch der himmlische “Blasengel”. Klar, das Gott dann für Russland, China und den Rest der Welt keine Zeit mehr hat.*

Die von den USA zahlreich geführten Kriege sind für den überwiegenden Teil der Bevölkerung eine wichtige Motivation für die Denkweise wir sind die Größten, Besten und Ehrlichsten. Das Selbstbewusstsein dieser Amerikaner ist enorm. Aber man darf nicht vergessen, dass die USA auch ein Land mit zwei Gesichtern ist.

Im 20. Jahrhundert gab es auch immer wieder politische Skandale und Verbrechen während der Teilnahme an Kriegen in bzw. durch die USA. Erwähnen möchte ich hier

- die Iran-Contra-Affäre
  Mitte der 1980er Jahre verkauften die USA während der Präsidentschaft von Ronald Reagan geheim Waffen an den Iran. Das dadurch erzielte Geld wurde u.a. der Guerilla-Bewegung in Nicaragua zum Sturz der damaligen Regierung zur Verfügung gestellt.

- die Watergate-Affäre
  Zwischen 1969 und 1974 wurde während der Amtszeit von Präsident Richard Nixon von seinen Mitarbeitern bzw. seinem Wahlkomitee Regierungsvollmachten missbraucht, um politischen Gegnern zu schaden. Bekannt ist vor allem der Einbruch in das Hauptquartier der Demokratischen Partei im Watergate-Gebäude, um dort Abhörwanzen zu installieren und Dokumente zu fotografieren. Im Jahr 1974 ist Richard Nixon als US-Präsident zurückgetreten, um einem Amtsenthebungsverfahren zuvorzukommen.

- das Massaker von Mỹ Lai
  Während des Vietnamkriegs wurde durch Soldaten der US-Armee im Dorf Mỹ Lai ein Kriegsverbrechen an Zivilisten begangen. Es wurden nach Einnahme des Dorfes durch die US-Armee 504 Zivilisten getötet.

Allein für diese Ereignisse gab es weltweit keine gute Presse!

Der Mensch soll die Krone der Schöpfung sein. Einerseits aber werden anderen die Menschenrechte verweigert und andererseits wird mit dem Finger auf die diversen Verfehlungen in anderen Ländern gezeigt. Wenn des Öfteren in den Krieg gezogen wird, dann natürlich nur mit Gottes Hilfe und wenn eine Rakete ein Krankenhaus oder eine Schule trifft, dann ist das Kollateralschaden. Und wenn für den inszenierten Krieg Gottes Hilfe nicht ausreicht, hilft vielleicht auch die Presse.

Es ist natürlich klar, dass man sich bei den „Taschenspielereien" nicht erwischen lassen darf. Halleluja!! Wie wertvoll die Aufklärung durch Geheimdienste ist, wissen wir jetzt. Ebenso wichtig ist die öffentliche Meinung in den USA, denn wenn „Pöstchen im Feuer" stehen und die damit verbundenen Pfründe, kann man sehr schnell in den Knast kommen und die US-amerikanischen Gefängnisse sind sehr berüchtigt.

Stellen Sie sich mal vor, es würde bekannt werden:

- Ja, wir haben Alientechnik.
- Ja es gibt Aliens
- Ja, es leben etliche von ihnen in unseren unterirdischen Anlagen bei Dulce in New Mexico.
- Ja, wir kooperieren mit ihnen.
- Ja, wir haben den Krieg in Europa nur geführt, um an fortschrittliche Technik zu gelangen.
- Ja, wir hören die Bevölkerung der Welt weitestgehend ab.
- Ja, es gibt Verschleierungsoperationen.

Da kann ich wirklich nur sagen, oh Gott, wenn das durch die Presse geht.

Persönliche Anmerkung: *Ich hörte einmal von einem Ufo über dem Reichstag in Berlin, bevor die Tarntechnik zum Tragen kam. Ach, ja, unter Freunden hört man sich nicht ab.*

Meine Mutter pflegte stets zu sagen. "Eine Lüge erfordert tausend neue Lügen".

Die USA sind an vielen Geheimoperationen beteiligt. Manche davon kommen irgendwann an die Öffentlichkeit, andere werden wahrscheinlich für immer im Dunkeln der Archive verborgen bzw. unter Verschluss bleiben. Die Hintergründe von manchen Operationen sind bzw. werden bekannt und die Kornkreise sind nur eine davon. Bei den Kornkreisen kann man davon ausgehen, dass sie nur dazu dienen sollen, die Menschen, die sich darüber Gedanken machen, zu verunglimpfen bzw. zu veräppeln.

KAPITEL 5
TAUCHEN WIR ALSO EIN, IN EINE SUBTILE WELT DER KORNKREISE

Kornkreise, gleich in einem Atemzug mit Verschwörungstheorien, außerirdischen Aktivitäten und UFO`s genannt.

Die mysteriösen Ansichten betreffen u.a. Bill Gates und die sogenannte Impfmafia, die Google-Verschwörung, die Präastronautik, 9/11, Donald Trump und der Wahlbetrug. Zu all diesen Dingen gibt es Protagonisten, die mit einer „eselsgleichen" Sturheit teilweise abstruse Denkweisen vertreten und verbreiten.

Es liegt mir aber absolut fern, diese Menschen zu beleidigen. Ich respektiere alle diese Meinungen, ungeachtet von ihrem

Wahrheitsgehalt. Das beginnt mit dem Urvater der Präastronautik, Erich von Däniken, reicht bis zu den UFO-Forschern von MUFON oder ähnlichen Organisationen, die auf der Suche nach der Wahrheit sind. Aber was ist die Wahrheit?! Das Dings, das lautlos und fast unsichtbar über uns schwebt, die Lichtkugeln, die umherwuseln, Außerirdische zu Besuch auf der Erde? Oder was? Genau, oder was!! Die Antwort geben uns nicht die Ufologie, nicht die Präastronautik und auch nicht die Leute, die Area 51 (militärisches Sperrgebiet in Nevada -USA-) mit ihren Fotoapparaten und Ferngläsern belagern.

Die Antwort gibt uns allein die Militärgeschichte und die Geschichte der dazugehörigen Operationen der geheimen Dienste. Der 2. Weltkrieg und sein für Deutschland unrühmliches Ende gibt genügend Anhaltspunkte, um den gigantischen Beutezug nachzuvollziehen.

Wem haben wir so viele Hinweise und Forschungsergebnisse dazu zu verdanken? Menschen, die mit der servierten, sogenannten Wahrheit nicht zufrieden sind und deren Gegenspieler die Geheimdienste sind, die versuchen, ihre Technik, wo auch immer erworben, zu tarnen und die Wahrheit zu verschleiern. Eine dieser „Taschenspielereien" sind die „echten" Kornkreise. Personen, die in diesen die Kraft der Aliens, der Magie und des Mystischen spüren, sind die Helfer dieser Menschen. Dazu gehört auch der Ufologe, der in einer Dokumentation den Satz geäußert hat - ich zitiere die deutsche Synchronisation: " ... wenn sie Lichtkugeln am Himmel sehen, sind es die Außerirdischen..." Die Geheimdienste wollen, dass wir genau das glauben. Dem stelle ich dagegen, wenn sie am Himmel Lichtkugeln sehen, dann ist es ein "Bat" (schwarzes Dreick) auf Aufklärungsmission.

Diese Art der Täuschung möchte ich bloßstellen. In meinem Buch „Das geheime deutsche Erbe“ habe ich die Technik dieser „Waffe“ so gut als möglich dargestellt. In diesem Buch sind die Täuschungsoperationen das Thema, die den wahren Stand der Technik verschleiern sollen. Diese Technik ist so fortschrittlich, dass unsere Phantasie dafür nicht ausreicht. Die Grundlagen der Antigravitation und alternative Antriebssysteme wurden in Nazideutschland bei der Entwicklung von Flugobjekten bereits abgegriffen. Natürlich habe ich in meinem Buch auch einen Rückblick auf diese technische Entwicklung gemacht, wohlgemerkt auf die geheime technische Entwicklung, von der die Normalbürger nicht wissen dürfen. Die Beschreibung dieser Technik wird dann scherzhaft Verschwörungstheorie genannt. Also eine Verschwörungstheorie mehr? Nein, nichts dergleichen und auch kein Aluhütchen auf dem Kopf! Ich ging den Unfällen nach, denen auch der beste Geheimdienstmann hilflos ausgeliefert ist, da wo wir „Uncle Sam" hinterm Busch beim Masturbieren erwischt haben.

Sollten die letzten Worte bei Ihnen ein Grinsen verursacht haben, so ist das durchaus gewollt. Der Ausflug in die Welt der Geheimdienste und ihrer Spielchen, speziell in Mitteleuropa, soll ja auch ein bisschen unterhaltsam sein. Wenn meine Wortwahl manchmal kantig und derb ist, so bitte ich um Entschuldigung. Natürlich beherrsche ich auch das gepflegte Blabla, aber der Sinn dieses Buches ist es nicht, die Seele mit Worten zu streicheln. Meine Intention ist, den Finger in die offene Wunde zu stecken, auch wenn es blutig wird. Diese geheimen Flugoperationen mit Flugkörpern, deren Technik wir nicht kennen, deren Energieversorgung uns unbekannt ist und die erwiesenermaßen störanfällig ist, sind eine gewaltig offene Wunde!

Und dies über Deutschland, über uns, wo wir sogar die Kuhfürze auf Methan messen. Bei meiner so einfachen Wortwahl darf man eine Tatsache nicht vergessen, dass viele unserer Mitbürger deutsch nicht als Muttersprache gelernt haben. An diese Menschen hat meiner Kenntnis nach noch nie ein Poet bei seinen Werken gedacht. Ich bin auf literarische Ehren jedoch auch nicht scharf, aber dafür, dass die Wahrheit auf den Tisch kommt!

BEGLEITEN SIE MICH DABEI.

KAPITEL 6
WAS DER BAUER NICHT KENNT ...

... das frisst er nicht. So lautet ein altes Sprichwort. In unserem Fall wäre dies eine fundierte Erklärung zum Phänomen der Kornkreise. Es ist wirklich schwer zu „verdauen". Auf dem Getreidefeld ist kurz vor der Ernte ein Kunstwerk zu sehen, das man am besten von oben betrachtet. Es ist in seiner Geometrie wunderschön und herrlich anzusehen. Ein Bauer ist natürlich nicht begeistert, weil durch den Kornkreis Ernteausfälle entstehen.

Nur stellen sich auch die Fragen, wer hat den Kornkreis vollbracht, wie konnte er so exakt angelegt werden und vor allem warum wurde er geschaffen.

DARAUF MÜSSEN WIR ANTWORTEN SUCHEN UND FINDEN:

Kornkreise wurden schon vor Jahrhunderten beschrieben. Die üblichen Verdächtigen waren Geister, Hexen und der Teufel. Die Leute hatten früher einen sehr kleinen klerikal geprägten Horizont. Es ist natürlich nicht ausgeschlossen dass so ein Kornkreis damals durch die Landung eines Alienraumschiffes entstanden ist oder es dafür eine ganz natürliche Erklärung gibt. Dass wir nicht allein im All sind, ist so sicher wie das legendäre Amen in der Kirche. Dass diese Kornkreise in den letzten Jahrzehnten des Öfteren vorkamen, gibt doch sehr erheblich zu denken.

The Mowing-Devil:

Or, Strange *NEWS* out of

Hartford-ſhire.

Being a True Relation of a Farmer, who Bargaining with a Poor *Mower*, about the Cutting down Three Half Acres of *Oats*, upon the *Mower's* asking too much, the *Farmer* ſwore, *That the Devil ſhould Mow it, rather than He*. And ſo it fell out, that that very Night, the Crop of *Oat* ſhew'd as if it had been all of a Flame; but next Morning appear'd ſo neatly Mow'd by the Devil, or ſome Infernal Spirit, that no Mortal Man was able to do the like.

Alſo, How the ſaid *Oats* ly now in the Field, and the Owner has not Power to fetch them away.

Diablefaucheur, der Teufel...oder...

..auch in Kabel1 Dokumentationen ein Thema

Lassen wir mal den Genossen Teufel außen vor, die Hexen zu Hause und halten wir uns einmal an die verlässlichen Fakten, die wir haben. Ebenso lassen wir die Geister verkorkt in den diversen Spirituosen. Diese dürften vielleicht eine Rolle spielen, wenn sich des Abends eine Schar Freunde zusammenfindet, ausgerüstet mit Brettern und Seilen nebst Maßband, und fröhlich lachend loszieht, um einen Bauern am nächsten Morgen zu ärgern. Auch diesen Umstand lassen wir mit einem Lächeln in der Schatzkammer bäuerlichen Brauchtums.

Denn wir müssen die Kornkreise in „echte" und „unechte" unterteilen. Bei den sogenannten „Unechten" sind die Halme bis auf den Boden heruntergetreten, die, mit Verlaub, uns nicht interessieren. Das können die „Dörfler" unter sich ausmachen.

Siehe Pfeil: Über dem Boden abgeknickt.

Bei den "Echten" jedoch sind die Halme weiter oben gleichmäßig gebrochen. Das sind diejenigen, für die wir eine Erklärung brauchen. Wie wäre es mit einem starken Magnetfeld? Das sind die Kornkreise, die in ihrer Größe und Exaktheit sowie in ihrer Schönheit und Form nicht von Menschen stammen können. Oder doch? Jedenfalls nicht von unseren „fröhlichen Landmännern", die ihresgleichen gerne einen Streich spielen. Da sind Profis am Werk mit einer Ausrüstung, die vom Allerfeinsten ist. Wir werden eine Erklärung finden, doch diese wird unglaublich bitter werden, das kann ich jetzt schon versprechen.

Also begeben wir uns auf den Weg. Ich erwähnte eingangs, dass ich mich fast mein ganzes Leben mit der Militärgeschichte befasst habe und kein Ufologe bin. Freunden wir uns einmal ganz langsam mit der Geschichte der Kriege zwischen den Völkern an. Ich weiß, es ist nicht einfach über die Gräber und all das Leid, das der Krieg seit Jahrtausenden über die Menschen gebracht hat, hinwegzudenken. Und doch, wir leben mit dem Krieg und mit den Folgen, die der Krieg über uns gebracht hat. Diese Zeilen schreibe ich am 30. Jahrestag der deutschen Wiedervereinigung. Es wird immer Menschen geben, die mit Gewalt versuchen, den Mitmenschen auszubeuten und zu unterdrücken. Die Werkzeugkiste dazu ist vielfältig.

In dieser Werkzeugkiste sind nicht nur Panzer, Flugzeuge und Schiffe. Da ist noch Platz für viel, viel mehr. Es sind oftmals die Geheimoperationen, die über Sieg oder Niederlage entscheiden.

Gummipanzer am Pas de Calais

Ich möchte Ihnen ein kleines Beispiel geben. Es ist das Jahr 1944. Die Armeen Hitlerdeutschlands sind auf dem Rückzug, getrieben von Stalins Roter Armee. Die Alliierten bereiteten sich auf das größte Landungsunternehmen der Geschichte vor, den D-Day. Dazu wurde am Pas-de-Calais, dem engsten Punkt des Ärmelkanals, eine „Geisterarmee“ aus Gummipanzern und Attrappen von Flugzeugen Militärfahrzeugen sowie sonstigem Kriegsgerät aufgestellt, befehligt von George Patton, der amerikanischen Panzerlegende des 2. Weltkriegs. Wir wissen aber, dass die Landung dann am 06.06.1944 in der Normandie stattfand. Die deutsche Seite glaubte viel zu lange an eine Invasion bei Calais. Die deutschen Truppen dort wurden aus Vorsicht zu lange zurückgehalten. Somit war die Operation "Overlord" letztlich ein Erfolg der Alliierten, der den Untergang des Hitlerreiches beschleunigte.

WAS HAT NUN DER UNTERGANG DES NAZIREICHES MIT DEN KORNKREISEN ZU TUN?

Oh, sehr viel, wir werden sehen.

KAPITEL 7
ROSWELL, EIN EWIGES THEMA

Roswell, ein Versehen der Geheimdienste?

Es ist jetzt die Zeit des Internets und vor allem der elektronischen Medien. Nachrichten verbreiten sich in Sekundenschnelle von Kontinent zu Kontinent. Die Menschen sind aufgeklärter als vor hundert Jahren oder wenigstens hoffe ich das. Natürlich spielt auch die technische Entwicklung eine Rolle. Es gibt mehr Smartphones als Menschen auf der Erde und mit diesen kann man viel mehr als nur telefonieren. Diese winzigen Geräte haben hochentwickelte Kameras - unglaublich. Können Sie sich vorstellen, was das für die Geheimdienste bedeutet, speziell für die Abteilungen, die über geheime Techniken verfügen? Bei den Techniken ist wahrscheinlich auch „Alientechnik" dabei, Beute aus UFO-Abstürzen in Aztec (1948) und Cape Girardeau (1941). Das UFO-Ereignis in Roswell im Jahr 1947 soll hier auch nicht vergessen werden, obwohl mir diese Sache nicht so klar vorkommt. Das kann auch ein abgestürzter Kreisel aus deutscher Beute nach dem 2. Weltkrieg gewesen sein.

Nach dem Ende des 2. Weltkrieges war das zerstörte Deutschland für die Alliierten doch ein Land für einzigartige Beutezüge. Ob Sie nun missbilligend den Kopf schütteln oder widerwillig beipflichten, stellt sich doch die Frage: Ist es nicht verwunderlich, dass nach dem Krieg die UFO-Sichtungen sehr zugenommen haben? Es wurde darüber auch viel mehr dokumentiert, sehr zum Ärger der Schattenspieler.

Seit dem Ende des 2. Weltkrieges und auch davor gab es also immer wieder Ereignisse, die sich dem „Normalen" entziehen. Seit Anfang der 1950er Jahre werden sie „unidentifizierte fliegende Objekte" (unidentified flying object) genannt. Die Abkürzung kennt jeder: UFO. Die Kornkreise sind nur ein kleiner Teil des Spektrums des Unmöglichen. Das erweckt aber auch Neugier.

Es entstanden Organisationen wie MUFON in den USA, bekannt durch diverse Dokus im TV. Ähnliche Organisationen gibt es auch bei uns in Europa. Ich habe großen Respekt vor der Leistung der Ufologen habe. Sie dokumentieren und recherchieren

über die nicht erklärbaren Geschehnisse. Ihre Archive umfassen Sichtungen, Begegnungen, unheimliche Ereignisse und Berichte über Entführungen von Personen durch Aliens.

Sie können sich sicher vorstellen, dass diese Tätigkeiten von gewissen „lichtscheuen" Instanzen und Behörden nicht gerne gesehen werden, vor allem in den USA, oder nennen wir die Schnüffler und Schwarzkünstler beim Namen: NSA, NRO, CIA. Denn in den Archiven von MUFON landete so manches Geheimprojekt, das als solches nicht erkannt werden durfte. Na klar, Hugo war´s oder die Außerirdischen! Jedermann kann sich nur mit einem Fernglas ausgerüstet an den Zaun von Area 51 stellen, nach Roswell pilgern, Geschichten hören und aufschreiben, was immer man will. Ufologen sind den Geheimprojekten im Weg! Ihr einziger Fehler ist die mangelnde Kenntnis der Militärgeschichte und ihrer geheimen Ableger. Nur kann man den Leuten nicht einfach die Bude zumachen. Zum Abknallen sind es auch zu viele geworden. Die USA sind doch das Land der Freiheit und Demokratie sowie der Menschenrechte, wenn man nicht gerade maximalpigmentiert ist.

Neger darf man ja nicht mehr sagen. Ist auch gut so. Nur der Rassimus, der bleibt. Leider.

Was also ist die Lösung für die Geheimdienste und ihre Projekte in den USA: Desinformation!

Wie weiland am Pas-de-Calais wird mit Fehlinformationen und Täuschungen gearbeitet. Das Kornkreisprojekt ist nur eines davon.

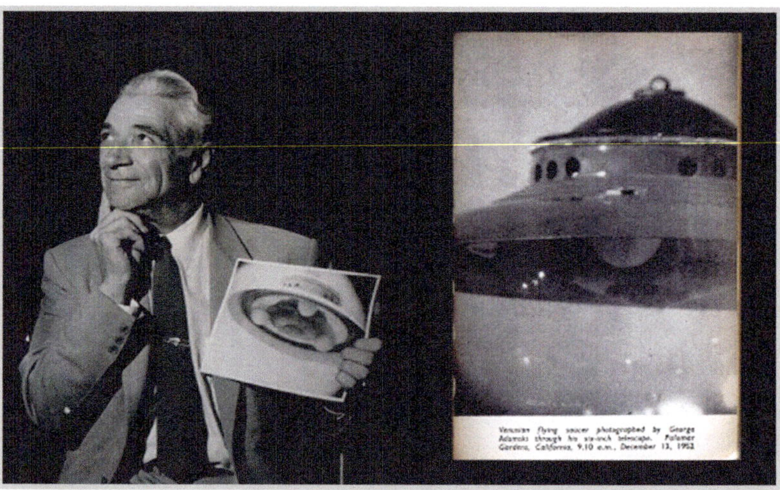

George Adamski, der Schelm.

Man muss die Leute beschäftigen und ablenken, damit die Ufologie nicht an den Türen der Geheimprojekte kratzt. Trittbrettfahrer und Lügner sind da immer herzlich willkommen.

Da gab es in den1950er Jahren einen Herrn, der sprach mit Venusiern und Marsianern, durfte in ihren Raumschiffen mitfliegen und verdiente eine Menge Geld mit Artikeln und Vorträgen darüber. Wenn sein Raumschiff nicht eine Kreuzung von einem Suppenteller und einer Lockheed Elektra gewesen wäre, dann hätte man den Quatsch glatt glauben können. Andererseits haben zwei Jungen im mittleren Westen der USA eine Beobachtung gemacht und eine Zeichnung angefertigt.

Achtung: 1945!

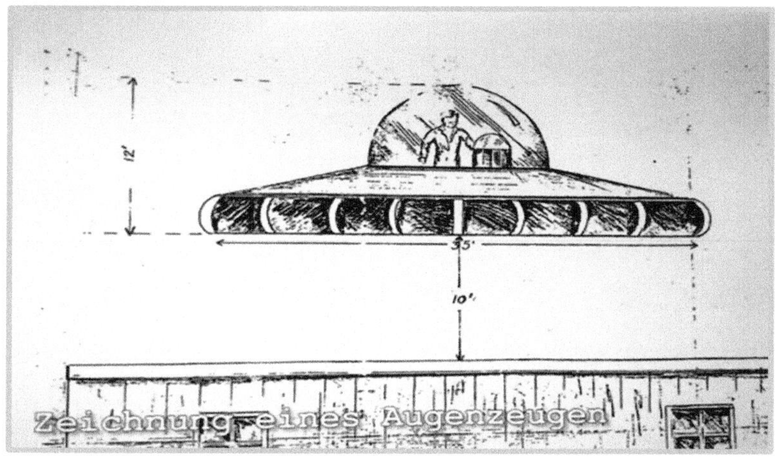

1945!! Beschrieben wurden die Leichtigkeit und Schnelligkeit des Objektes und das Aussehen des Piloten! – Ein blonder Mann!!

Oder ein arischer Alien...?

Das Bild wurde vom Bildschirm abfotografiert. Die Quelle: Die UFO-Akten von WELT-TV. Die Redakteure wussten sich nicht anders zu helfen, als die gezeichnete Person als „Zeitreisenden" zu klassifizieren. Die beiden Zeugen: Der eine wurde Raumfahrtingenieur, der andere Bürgermeister einer Großstadt. Also keine besoffenen Nachtschwärmer. Dieses Bild war für meine Ermittlungen sehr hilfreich. Dazu die Information aus dem unmittelbaren Umfeld von Dr.-Ing. Hans Kammler, dass das Deutsche Reich im Besitz eines flugfähigen außerirdischen Objektes war. Kein Fake, sondernTatsache.

Kammler, von Brauns Vorgesetzter

Zur Information wer den Herrn nicht kennt: Hans Kammler war der Chef der Geheimprogramme im Dritten Reich und auch des Herrn Wernher von Braun in Peenemünde. Mittlerweile ist auch bekannt, dass Kammler nicht bei Kriegsende Suizid begangen hat, sondern mit Sack und Pack sowie Geheimnissen des Dritten Reiches in die USA kam. Angeblich soll er sich dort im Jahr 1947 entleibt haben. Wer´s glaubt ... Diesen Herrschaften traue ich nicht von der Wand bis zu der Tapete.

Wir aber müssen uns jetzt weiter darum bemühen, die Angelegenheit der Kornkreise aufzuklären. Vielleicht hilft uns im nächsten Kapitel der gemeine Zufall auf den Weg.

ES IST DIE ZEIT DES INTERNETS,
DER MEDIEN, NACHRICHTEN

VIELLEICHT HILFT UNS IM NÄCHSTEN KAPITEL

DER GEMEINE ZUFALL

AUF DEN WEG.

KAPITEL 8
DER GEMEINE ZUFALL

Mein Leben besteht nicht nur aus Militärgeschichte und Modellbau. Beruflich komme ich sehr viel herum, wie halt im richtigen Leben.

So traf ich eines Tages eine Person, deren Identität ich nicht preisgeben werde, ebenso wenig den Kontakt in den engsten Kreis um Hans Kammler. Ich bekam einige Fotos zu sehen, die zufällig entstanden waren.

Pures Dynamit, wenn man sie denn zu deuten versteht. Ich werde später noch darauf zu sprechen kommen.

You Tube, Kornkreise und Lichtkugeln, einsehbar...

Beiläufig sah ich auch einen kurzen Filmstreifen auf YouTube. Sie können ihn sich auch gerne selbst ansehen. Der Titel lautet: „Kornkreise und Lichtkugeln“ Aufgenommen wurde er von einem Franzosen im Jahr 2009. Die Bildqualität war bzw. ist nicht sehr gut, aber sie genügte mir, um eine Sekunde später den „Übeltäter“ zu identifizieren: Eine Energiekugel, die ein Magnetfeld nach unten generiert. Deswegen also die auffälligen Beschädigungen der Halme in den “echten” Kornkreisen. Erwischt!

Nun war mir klar, wo die Bauern ihre Rechnungen hinschicken können! Es ist das NRO, das National Reconnaissance Office, ein Militärnachrichtendienst der USA. Diese geheimnisvolle Behörde hat mehr Ohren in der Welt als ein Igel Flöhe und mehr Spielzeug als Luke Skywalker und Han Solo aus Star Wars. Jaja, mir ist bewusst, was ich hier schreibe!

Ob echt oder unecht – die richtige Spur!

Der Zweck, den die Kornkreise haben, ist leider nur, die Ufologen zu veräppeln und nichts anderes als ein großes Ablenkungsmanöver. Sollen die Leute nur mit dem Fernglas vor der Area 51 hocken und auf die Außerirdischen warten.

Entschuldigung, aber Kornkreise sind nichts anderes als „Verarsche". Es tut mir ehrlich leid für all die guten Menschen, die in diesen Kornkreisen etwas Ehrliches gesehen haben. Natürlich wäre ein Kontakt, ein friedlicher und wohlmeinender Kontakt wohlgemerkt, mit Aliens wünschenswert, aber nicht auf den Getreidefeldern in Mitteleuropa.

Wenn jetzt der eine oder andere Leser enttäuscht oder sauer ist, weil ich eine wunderschöne Illusion zunichte gemacht habe, so tut mir das von Herzen leid. Die Übeltäter sind nichts anderes als die Enkel der Foo-Fighter. Bevor Sie nun der amerikanischen

Rock-Band gleichen Namens die Bude einrennen, werde ich die Geschichte der richtigen Foo-Fighter rekapitulieren. Es ist beileibe keine einfache Geschichte, die geheim war und es bis heute ist.

Wenn ich Ihnen nun alle Illusionen genommen habe, alle Träume zerstört und Ihnen einen billigen Trick vor die Füße geworfen habe, so bitte ich um Verzeihung. Ich werde Ihnen die Geschichte der Energiekugeln erzählen und dann das Szenario beschreiben, das den Kornkreisfake umgibt und dabei Geheimnisse offenbaren, die Ihnen das Mittagessen hochkommen lassen wird.

Im Endeffekt sind die mangelnden Kenntnisse der Militärgeschichte oder Geheimdienstgeschichte des 2. Weltkrieges bei den Ufologen daran schuld, dass die Kornkreisgeschichte nicht schon längst ad acta gelegt werden konnte. Das Filmchen „Kornkreise und Lichtkugeln" ist immerhin aus dem Jahr 2009. Es wäre also Zeit genug gewesen.

Dessen ungeachtet kann ich verstehen, dass die UFO-Gemeinde perplex ist, wenn da so ein Geschichtsfreak daherkommt und alle ihre Träume von Aliens und ihrem Wirken auf Erden in die Tonne tritt. Nun gut, die Aliens sind da und wirken tun sie auch auf der Erde, nur nicht so wie angenommen, dessen bin ich mir sicher. Wir müssen die Spreu vom Weizen trennen, das ist das Gesetz des Korns, das müssen wir uns alle verinnerlichen. Das und nichts anderes sollten uns die Kornkreise lehren, mögen sie noch so schön sein.

Also wenn wir den Ursprung der Kornkreise erklären wollen, müssen wir der Geschichte der Foo-Fighter folgen. Ich erwähnte eingangs die Vorzüge des Internets und dessen vielfältige Informationsmöglichkeiten. Wenn Sie Zweifel haben, nutzen Sie diese! Prüfen Sie nach, ob meine Schlussfolgerungen stichhaltig sind. Ich persönlich bin für jedwede Information dankbar, wie für das kleine You-Tube-Filmchen. Mir hat es auf jeden Fall die Augen geöffnet.

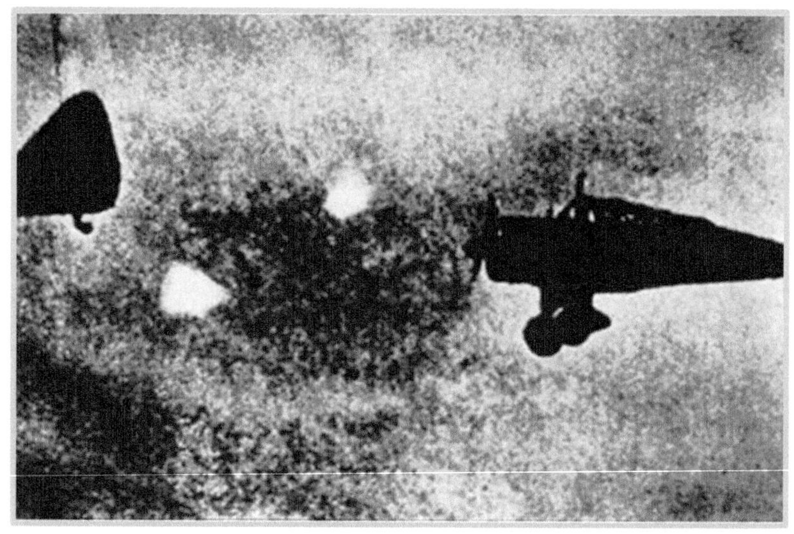

Foo-Fighter über Japan.

Dieses Rätsel erforderte eine völlig neue Therie.

Darmstadt – Italien – Japan – Schweden – Griechenland bis zum Gormen-Dogfight.

KAPITEL 9
PHÄNOMENE JENSEITS DES VERSTANDES

Italy, 1945

Im Jahr 1944 erfolgte in Darmstadt der Angriff auf die Kugellagerfabriken. Hunderte und Aberhunderte von Bombern der Alliierten führten einen Angriff auf die kriegswichtigen Kugellagerhersteller aus. Diese Fabriken konzentrierten sich damals im

Raum Darmstadt. Ein Krieg wird nicht nur mit Gewehren und Kanonen geführt. Berge von Nachschub müssen befördert werden, Panzer müssen fahren können, Verwundete müssen transportiert werden und noch vieles mehr muss mit Fahrzeugen verfrachtet werden. Das funktioniert aber nicht ohne Kugellager. Der Angriff auf Darmstadt war eine sehr kriegswichtige Operation für die Alliierten, da man dadurch die Bewegungsfreiheit der deutschen Kräfte einschränken wollte, hatten sich diese doch gerade erst in Frankreich unter heftigem Widerstand der Wehrmacht „eingekrallt". Nein, in Frankreich gab es damals noch keine Kornkreise.

Aber zwischen den Bomberströmen über Darmstadt gab es unerklärliche Phänomene. Leuchtend weiße Energiekugeln irritierten die Bomberpiloten, die schnell und von ungeheurer Manövrierfähigkeit waren. Viele Piloten sahen diese Phänomene, die sie fotografierten und über die sie berichteten. Man sah die leuchtend weißen Energiekugeln nicht nur über Deutschland, sondern auch über Italien und gegen Kriegsende auch über Japan. Schaden bei den Bombern haben sie keine angerichtet. Die Piloten berichteten, dass grauer Staub zur Erde fiel, wenn die Energiekugeln mit einem Bomber kollidierten.

George F. Gorman

Piper Cub, ein kleines Passagierflugzeug, heute ein Museumsstück

Bei einem UFO-Ereignis am 01.10.1948 über Fargo, North Dakota, ist wieder die Rede von Energiekugeln. Bekannt ist dieses Ereignis als „Gorman UFO Dogfight“. Ein Pilot der North Dakota Air National Guard (George F. Gorman) machte einen Übungsflug mit einem Jagdflugzeug und sichtete dabei eine fliegende weiße Energiekugel und eine Piper Cub, ein kleines Passagierflugzeug, ähnlich einer Cessna. Er lieferte sich mit der Energiekugel einen „Luftkampf“ bzw. verfolgte diese. Die Energiekugel setzte keine Waffen gegen sein Flugzeug ein. Der Pilot Gorman wusste aber nicht, ob die Energiekugel letztlich doch nicht über Waffen verfügte, die für ihn be-drohlich sein könnten. Er war natürlich perplex ob dieser unge-heuerlichen Erscheinung. Später sagte Gorman, er wollte die

Piper Cub beschützen. Die Ufologie dokumentierte den Vorgang über Fargo, North Dakota.

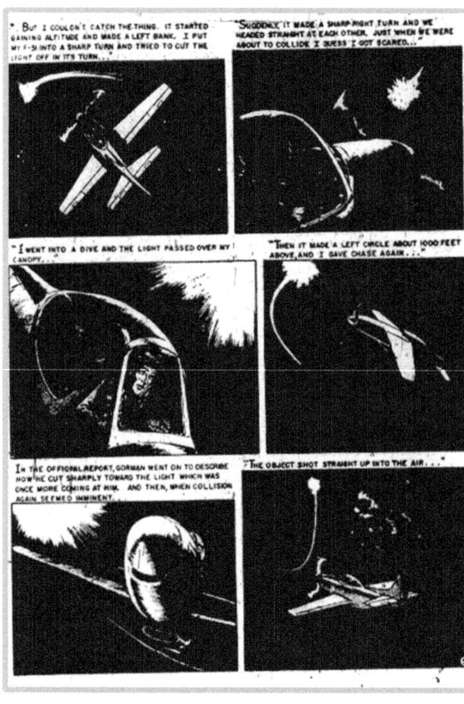

Nur ein Cartoon ...
Aus dem Gedächtnis des Piloten.

Für mich jedoch ist die Sache klar und hoffentlich auch für Sie. Es handelte sich um einen Foo-Fighter, abgegriffen von den USA aus der Konkursmasse des Nazireiches, also deutsche Beute bzw. deutsches Erbe.

Wie aber die Foo-Fighter von Darmstadt aus nach Japan kamen, das ist nicht einmal ansatzweise dokumentiert. Ich habe dazu in meinem Büchlein "Das geheime deutsche Erbe" eine Theorie aufgestellt, auf die ich mich hier noch einmal berufen möchte.

Ich rekapituliere: Der kleine Trupp von deutschen Soldaten und Wissenschaftlern, der diese Objekte ausgeheckt hat, mit welcher Technik auch immer, geriet in amerikanische Hände. Die Restbestände wurden nach Fernost geschickt, um die Japaner zu veräppeln. Also über die Technik dieser Energiekugeln ist nichts bekannt oder zu erahnen.

Schweden nach dem 2. Weltkrieg

In den Jahren 1946 und 1947 gab es die sogenannte "Geisterraketenaffäre" in Schweden (Skandinavische UFO-Welle). Nachdem anscheinend dort zu viele Untersuchungen angestellt wurden, sah man auf einmal die Geisterraketen in Griechenland. Und im Jahr 1948 fand dann der „Gorman UFO Dogfight" statt.

Carl-Göstar Bertoll auf der Suche nach Geisterraketen oder deren Reste

Das könnte glatt stimmig sein! Ich habe in den Jahrzehnten der Forschung gelernt, stets sind es Unfälle oder andere dumme Zufälligkeiten, die Geheimprojekte auffliegen lassen. Übrigens, bei so mancher anderen UFO-Sichtung war ein Kleinflugzeug rein zufällig am Himmel, wie zum Beispiel bei der Westall-High-School-Sichtung im Jahr 1966 in Melbourne, Australien. Bei dieser UFO-Sichtung sind zwei diskusförmige Objekte neben Einhundert Kindern und den Lehrkräften notgelandet.

Meiner Meinung nach dürfte die Steuerung die gleiche gewesen sein, wie bei den Foo-Fightern. Ich vermute, es war eine gute deutsche Kehl-IV-Fernsteuerung oder wenigstens deren Weiterentwicklung. All das kann der geneigte Leser im Internet nachforschen.

Die amerikanische Double-AZON-Funkfernsteuerung war der deutschen Konkurrenz deutlich unterlegen.

Anfang der 1960er Jahre gab es eine „wunderschöne" UFO-Sichtung über dem „Weißen Haus" in Washington DC statt. Eine ganze Reihe von unidentifizierten, weißen fliegenden Energiebällen wurde gesichtet. Darüber kann ich nur lachen. Meine Ansicht nach haben die Geheimdienste gelernt, mehrere Foo-Fighter gleichzeitig zu steuern und für Präsident Eisenhower einen prächtigen Formationsflug veranstaltet.

Immer noch waren diese „Fluggeräte" wie damals über Darmstadt völlig nutzlos und dienten nur zu Propagandazwecken! Der Präsident war höchstwahrscheinlich stolz auf seine Spezialisten und der UFO-Gemeinde ist vermutlich die Kinnlade heruntergefallen.

Auch über den legendären Apollo-13-Flug gibt es ein Gerücht. Nach dem Unfall (Explosion eines Sauerstofftanks des Apollo-Raumschiffs), der eine Mondlandung verhinderte, soll Jim Lovell, der Kommandant, auf dem Rückflug zur Erde ein weißes fliegendes Objekt gesehen haben. Vielleicht ein Zeichen aus der Heimat, dass die Möglichkeiten zur Rettung der Astronauten bei weitem noch nicht ausgeschöpft waren? Ich denke da an ein weltraumtaugliches Fluggerät (oder auch an mehrere Fluggeräte), das nach dem 2. Weltkrieg erbeutet oder erhandelt - wie auch immer - wurde.

Tragisch für Eisenhower und seine Geheimabteilungen war, das JFK und nicht sein „Vize" Nixon der nächste Präsident wurde.

Unsere kleine Reise geht noch weiter. Bei etlichen Sichtungen von größeren Objekten wurden ebenfalls weiße Energiebälle gesehen, die ein sogenanntes UFO „umwuselten", wobei die fliegenden größeren Objekte oft ein wahrer Lichtreigen von blinkenden bunten Lichtern waren, so wie es im Spielfilm "Unheimliche Begegnung der dritten Art" nachgestellt wurde. Bei seriösen Sichtungen von Alienraumschiffen, wie im Soccoro-Fall (New Mexico, USA), waren keine Blinklichter im Spiel bzw. zu sehen. Meiner Meinung nach sind alle Objekte mit Lichtorgeleffekten geheimer US-Herkunft.

Wir haben nun die Herkunft der gesteuerten Lichtbälle nachvollziehen können. Jetzt befinden wir uns im 21. Jahrhundert und die Technik hat in den letzten Jahrzehnten Wahnsinnsfortschritte gemacht, vor allem auf dem Gebiet der Elektronik. Die Geheimdienste schlafen natürlich nicht und so ist es nicht verwunderlich, dass die alten nutzlosen Foo-Fighter neue Fähigkeiten bekommen haben.

Typ „Lichtorgel, wie im Film „Unheimliche Begegenung der drietten Art.

Da fällt heute keiner mehr darauf rein

Mit dem Filmstreifen „Kornkreise und Lichtkugeln“ auf You Tube sind wir auf einem Kornfeld in Frankreich gelandet. Durch einen gemeinen Zufall in Form eines Franzosen mit einer Kamera am richtigen Ort zur richtigen Zeit wurden Ross und Reiter enttarnt. Für die Dunkelmänner war der Franzose natürlich zur falschen Zeit vor Ort. Nach über 10 Jahren sieht dieses Video dann ein „Typ“, der sich schon länger mit dem Thema beschäftigt hat und ... aufgeflogen ...

So, wir haben jetzt das “Ross”. Wir müssen noch den Reiter ermitteln beziehungsweise wir werden das Objekt ermitteln, das die Lichtkugeln steuert. Auch das ist eine ganz besondere Geschichte, die natürlich seit dem 2. Weltkrieg geheim ist. Auch hier spielen wieder Zufälle und vor allem die Aufmerksamkeit und Dokumentationen der Ufologen eine Rolle.

Die Technik dieer Lichtkugeln ist soweit ausgereift, dass ein Magnetfeld bis auf 10 cm genau über der Erdschicht generiert werden kann und gesteuert werden kann. Unglaublich! Ich muß gestehen, bei dem Gedanken daran bekomme ich eine Gändehaut.

WAREN DIE LICHTKUGELN SCHON UNGLAUBLICH.

DIE GROßEN OBJEKTE
FÜHREN UNS JEDOCH AUF EINE REISE
JENSEITS DES VERSTANDES.

KAPITEL 10
DAS ERBE DER VERANGENHEIT

War die Flugscheibe angedacht oder waren die schon weiter?!

Sie waren viel weiter!

Bei diesem Kapitel gehen wir in die Zeit der letzten Monate des 2. Weltkrieges zurück. Sie werden sich natürlich fragen, was diese Zeit mit den Kornkreisen zu tun hat. Die Antwort ist: Alles! Lassen Sie mich den Bogen spannen von der Konkursmasse des Hitlerreiches zum größten Profiteur des 2. Weltkrieges, den USA. Es sollen ja auch die Hintergründe von Vertuschungs- und Täuschungskampagnen, die wahrhaft vielfältig sind, aufgeklärt werden und damit beginnen wir jetzt.

Unter dem Bombenhagel der Alliierten, dem Druck der Russen an der Ostfront und nach der Landung der Alliierten in der Normandie liefen die deutschen Wissenschaftler zu einer wahrhaftigen Hochform auf. Der Kampf um Leben und Tod setzt Energien jenseits unserer Vorstellungskraft frei. Dazu kamen als sogen. "Beutegermanen" Wissenschaftler aus den von den Deutschen besetzten Ländern, die mehr oder weniger freiwillig zur Arbeit erpresst oder mit dem Nazi-System kollaborierten.

Die sogenannte Nazi-Glocke

Sie sehen selbst das dieses Gerät nicht zu dem kreisförmigen Bau in Thüringen passt.

Ich möchte an dieser Stelle an die legendäre "Nazi-Glocke" erinnern, an die Forschungen des Österreichers Viktor Schaubergers, die Raketenforschung in Peenemünde und nicht zuletzt an die erbeutete Alientechnik. Die Deutschen hinterließen einen sagenhaften Schatz unglaublicher Innovationen, darunter als wichtigste die Antigravitation, die Reduzierung der Erdschwerkraft.

Ich verweise auf die Sichtung aus dem Jahr 1945, die man ratlos und mangels Wissens, so WELT-TV, für einen Zeitreisenden hielt. Die Beobachtung wurde als geräuschlos schwebend, gleitend, scheinbar ohne Widerstand sich bewegend, unglaublich manövrierfähig und schnell beschrieben, was bei vielen UFO-Sichtungen ebenfalls so geschildert wurde.

Der Hacker Gary McKinnon

Im Jahre 2000 wurde die Antigravitation durch den Hacker Gary McKinnon, der in geheime US-Computer eindrang und alles erbeutete Wissen öffentlich machte, bestätigt. Dazu gehört auch eine Liste nichtirdischer US-Offiziere. Es gibt also allerhand zu verbergen im Land von Coca-Cola und Kaugummi.

Die Frage stellt sich, wie die US-Behörden Kenntnis dieser Forschungen erhalten haben. Hier möchte ich eine Reihe von Indizien aufführen:

Diese beginnt mit der "Operation ULTRA", der englischen Funkentschlüsselung im 2. Weltkrieg, dem Einbruch in die ENIGMA-Verschlüsselung. Speziell die Reise des Überhirns Alan Turing, nebst hochkarätiger Begleitung in die USA im Jahr 1942 erhärtete meinen Verdacht, da höchste Gefahr bestand, von deutschen U-Booten torpediert zu werden. Offiziell hieß es, dass Turing in die USA ging, um die US-Funkentschlüsselung zu studieren. Das ist geschichtlicher Schwachsinn!

Schlüsselmaschine „Adam und Eve" siehe auch das Geheimnis „ULTRA Enigma"

Die USA hatten zwar mit Adam und Eve 17-mal schnellere sogenannte "Bomben" gebaut, die man heute noch im NSA-Museum in Fort Meade (Maryland, USA) besichtigen kann, als die in England verwendeten Turing-Bomben. Aber in England wurden bereits die COLOSSUS-Computer gebaut, also eine völlig neue Ära der Entschlüsselung. Für die veraltete japanische ENIGMA genügten die neuen, schnellen Entschlüsselungsmaschinen von NCR völlig. Also warum die risikoreiche Reise der besten kriegswichtigsten Köpfe des Empire in die USA?

Nun, wie wäre es damit: Entschlüsselt wurde auch die Kommunikation der wissenschaftlichen Abteilungen unter der Leitung von Dr.-Ing. Hans Kammler, denn damit gelangten die Engländer in Kenntnis der strengsten geheimen Projekte des Dritten Reiches. Nun konnten die Engländer im Krieg bestenfalls die Rolle eines Wadenbeißers spielen, da sie auf die Versorgung mit Kriegsmaterial aus den USA angewiesen waren. Sie konnten allenfalls noch die Meere von der deutschen Kriegsmarine säubern, mehr nicht. Dazu gab es mit Japan einen neuen Kontrahenten im fernen Osten. Was liegt also näher, als die mächtigen USA mit ihrer ungeheuren industriellen Macht an die europäische Front zu ziehen? Verlockende technische Innovationen, neuartig und anders. Zwar hatte Nikola Tesla schon früher die Möglichkeiten der Antigravitation beschrieben, aber das war nun greifbar nahe!

USS Eldridge 1943, vielleicht so ...?

Und wieder gab es einen Zeugen, einen Seemann mit Namen Carl Allen oder Carlos Allende. Der gab sein Wissen an Charles Berlitz weiter ... und aufgeflogen!

Im Oktober 1943 gab es das "Philadelphia-Experiment", das bis heute noch geheimnisumwittert ist. Es war ein Experiment mit starken Magnetfeldern. Im Dritten Reich wurde schon seit dem Jahr 1937 mit starken Magnetfeldern geforscht.

Ein Bild aus dem Nähkästchen. Bei der offiziellen Indiensstellung war die USS Eldridge 380 ts leichter als beim Stapellauf drei Wochen vorher.

Das hat mir ausgerechnet meine Mutter, Jahrgang 1915, überliefert. Nur wusste sie mit den Ereignissen nichts anzufangen und ich war damals noch zu klein, um zu verstehen, worum es geht. Davon werde ich nachstehend mehr berichten. Auf alle Fälle wurde damals in den USA die Losung "Germany first" ausgegeben. Letztlich führte dies über Umwege zum D-Day und zum Ende des Dritten Reiches. Japan wurde mit zwei Atombomben zur Kapitulation gezwungen.

Hans Kammler, der Chef der Geheimprogramme im Dritten Reich, hat ja, wie nun bekannt ist und ich bereits im Kapitel 2 geschrieben habe, keinen Selbstmord im April 1945 begangen. Er hat sich in US-Gefangenschaft begeben oder eher verkauft. Auch dies blieb sehr lange geheim. Natürlich hat er „Gastgeschenke" in Form von geheimen Forschungen und wissenschaftlichen Erkenntnissen des Dritten Reiches mitgebracht. Über das Schicksal Kammlers darf weiter spekuliert werden. Schließlich hieß es, er habe 1947 Selbstmord begangen.

Ich habe im Kapitel 2 schon den Vergleich von Wand und Tapete gebracht. Je geheimer das erlangte Wissen ist, desto mehr passt der Charakter der US-Behörden bequem noch dazwischen. Hans Kammler war auch an der Planung der Krematorien in KZ-Lagern beteiligt, deren Betrieb eine ewige deutsche Schande ist.

Also war die Sichtung der beiden Jungen im Jahr 1945 im mittleren Westen der USA (siehe Kapitel 2 -Was zum Teufel fliegt da) sehr entscheidend, die Vorgänge bei Kriegsende nachzuvollziehen. Die Deutschen waren im Besitz der Antigravitation und Kammler hat das Wissen darüber an die USA ausgeliefert, bis auf das von mir erwähnte Alienraumschiff. Es ist Tatsache! Sie hatten es!

Es ist Tatsache! Sie hatten es!

Übergeben oder erbeutet wurde das Alienraumschiff wohl erst in der Antarktis im Zuge der natürlich rein wissenschaftlichen "Operation Highjump". Das kann nachgelesen werden, auch über den Flugzeugträger und die Geleitzerstörer.

Meine Informationsquelle zu Kammler erwähnte auch die Existenz zweier fertiger und einer halbfertigen Atombombe. Ich wollte ihr dies nicht glauben und weigere mich bis heute, dies zur Kenntnis zu nehmen.

Interessant ist die Aussage des Expetitionsleiters der Operation Highjump, Admiral Byrd, in den 50er Jahren, gegenüber einer südamerikanischen Zeitung. Er sagte damals, dass Flugobjekte mit hoher Geschwindigkeit in kürzester Zeit von Pol zu Pol fliegen könnten.

Thüringer Journalisten forschten nach Atombomben des Dritten Reiches und fanden offensichtlich etwas. Der Quelle nach kam das spaltbare Material für diese aus Belgien und Schweden. Nicht auszudenken, was damit passiert sein könnte.

3/00/9953-79 01 REEL1399

DE [illegible] #3971 0752123
ZNY MMNSH
ZKZK RR [illegible] DE
FM DIRNSA
ZEM
TOP SECRET UMBRA
XXMMENP01F0079074
3/00/9953-79

XXCC
(THIS PRODUCT IS CLASSIFIED TOP SECRET UMBRA IN ITS ENTIRETY)

[illegible] TOOK PLACE SIX MONTHS AGO IN THE [illegible] REGION, AND THE INCREASE IN FLYING SAUCER ACTIVITY, WHICH HE EXPLAINED AS HAVING A CONNECTION WITH THE PLAN.

XXHH
MS99737
292
#3971
NNN

TOP SECRET UMBRA

3/00/9953-79 01 REEL1399

95

Mir liegt ein freigegebenes, jedoch nicht mehr verfügbares Dokument vor, das erheblich geschwärzt wurde. Doch wurde vergessen, die Bezeichnung „Top-Secret UMBRA" zu schwärzen. Diese Bezeichnung wurde nur in Bezug auf außerirdische Technik oder Aktivitäten verwendet. Man hat dies wohl zu spät bemerkt.

Zum Vergleich, die Bezeichnung „Top-Secret ULTRA“ wurde für entschlüsselte Funksprüche der Achsenmächte verwendet.

Was hat nun all das mit unseren Kornkreisen zu tun?

Noch nichts, aber es zeigt, wie die Geschichte unter der Regie der Geheimdienste vergewaltigt worden ist. Überall Lug und Betrug, nicht nur im Hitlerreich. Und das hat mit unseren Kornkreisen zu tun!

„Forschungsschiff“ USS Phillippine Sea.

Ideal zum Schutz vor angriffslustigen Möven und bissigen Pinguinen, Byrds Flaggschiff.

Wir müssen noch die Geschichte der Objekte nachzeichnen, die für den Einsatz der Energiebälle verantwortlich sind, die Mutterschiffe der Foo-Fighter-Enkel. Darauf kommen wir aber erst in den nächsten Kapiteln zu sprechen.

Zunächst sollten wir einmal der Geschichte von den Magnetfeldern nachgehen. Ich erwähnte bereits die Erzählung meiner Mutter aus dem Jahre 1937. Sie war Jahrgang 1915 und arbeitete in Breslau als Friseurin. Sie erzählte mir die Geschichte als ich noch sehr jung war. Ich bin, wie bereits erwähnt, Jahrgang 1957. Damals konnte ich mit der Erzählung noch nichts anfangen. Zwar las ich damals schon militärgeschichtliche Bücher, aber auf die Idee, dass das einmal wichtig für mich werden könnte, kam mir als Jugendlicher nicht in den Sinn. Meine Mutter machte mit einem Bekannten einen Motorradausflug in die Umgebung von Breslau. Sie erzählte, dass auf einmal das Motorrad abstarb. In meinem hormonellen Überschwang vermutete ich zunächst andere menschliche Gründe. Sie wies mich aber zurecht, dass die Mädchen damals noch anständig waren, und überhaupt standen hinter und vor dem Motorrad noch andere Autos still. Also nix mit pimpern hinterm Busch!!! Nun, das Ende der Geschichte war, ein Soldat der Wehrmacht kam die Straße entlang und nach seinen Worten „nu` könnt` er weiterfahr´n“ sprangen die Fahrzeuge wieder an. Letzteres ist eine Probe des originalschlesischen Dialektes, den heute fast niemand mehr spricht. Viele Jahre später war mir klar, Experimente mit Magnetfeldern gab es damals im Jahr 1937 in Schlesien. Meine Mutter konnte ich beim Schreiben dieses Buches nicht mehr fragen, da sie im Jahr 1999 verstorben ist.

Wenn wir auf das „Philadelphia-Experiment“ im Jahr 1943 zurückblicken und darüber nachdenken, stellt sich die Frage, war das ein Experiment mit starken Magnetfeldern? Ich glaube schon!

Erinnern möchte ich auch an den Vorfall im Jahre 1967 über der Malmström Air Base (Montana, USA). Ein rotleuchtendes

UFO schwebte über der Air Base und die dort stationierten Minuteman-Raketen waren plötzlich nicht mehr einsatzbereit.

Minuteman Silo

Mit Sicherheit waren und sind die US-Behörden im Besitz solcher Flugscheiben, was natürlich offiziell niemand zugeben wird, aber durch die vorhandenen Indizien und Zeugenaussagen beweisbar ist. Natürlich war die eingebaute Lichtorgel sehr hilfreich, die Kleingeister zu veräppeln. Im Fernsehen lief gerade „Star Trek", so das klar war, die Aliens waren es! Im Endeffekt kann nichts ausgeschlossen werden. Ich war schon immer der Meinung, dass hier im Geheimen paktiert wurde und bis heute noch wird! Die Lichtorgel ist aber in der heutigen Zeit doch obsolet und wurde durch Tarntechnologie ersetzt.

Magnetfeldtechnologie und die erwähnte Antigravitation sollten ebenfalls eine gemeinsame Entwicklungsgeschichte gehabt haben. Ich bin leider kein Physiker, nur ein gelernter Kaufmann, aber ich kann 1 + 1 zusammenzählen.

So wäre der Schritt vom 2. Weltkrieg bis in das französische Getreidefeld eine logische Abfolge von Schritten geheimer Entwicklungen, von Schlesien bis zu den superexakten Ausstanzungen in dem französischen Acker, verursacht durch die Foo-Fighter-Enkel. Technisch verbessert durch moderne Elektronik. Bei all den anderen Vorfällen in diversen Getreidefeldern mit ihren wunderschönen Bildern haben die Verursacher das so wichtige 11. Gebot beachtet. Oh, kennen Sie das nicht?

Nach der Bibel gibt es 10 Gebote. Ja, Ihr Lieben, das 11. Gebot ist das Wichtigste: „Du sollst dich nicht erwischen lassen!“ Das trifft auf alle Geheimdienstaktivitäten zu. Aber leider oder eher Gottseidank, den Zufall kann man nicht verhindern! Oder können sich die Foo-Fighter-Enkel etwa neuerdings auch unsichtbar machen, so wie die Flugkörper, die sie steuern?

Wenn wir weiterdenken: Was wäre damit auf einem Schlachtfeld des 3. Weltkrieges anzufangen? Alle Motoren werden abstürzen, Raketen werden unbrauchbar und die Kommunikation bricht zusammen.

Wann wird diese Geheimniskrämerei genannt „UFO“ ein Ende haben?

Antwort:

Wenn die Journalisten keine Angst mehr haben als Verschwörungsthoretiker verunglimpft zu werden.

KAPITEL 11
ÜBERFLIEGER UND ZAUBERLEHRLINGE

Rabenstein an der Pielach

Nichts geschieht ohne Grund! Es gibt keine Geister oder Überwesen. Für alles, was geschieht, gibt es ein Motiv. Verursacher sind wir Menschen. Ob dies nun ein Mord ist oder ein Raub, es gibt einen Grund. Dazu gibt es Spuren, die diese Handlungen hinterlassen. Dies gilt ganz besonders für die Geheimdienste und ihre Handlanger. Unsere Spur, der wir nachgehen, ist die der wunderschön gefertigten Kornkreise. Es genügt bei Weitem nicht zu sagen, die Amis waren es. Da steckt bedeutend mehr dahinter als wir auf den ersten oder zweiten Blick erkennen können, selbst wenn wir nun die Verursacher benannt und das ausführende Werkzeug erkannt haben.

Diese wunderbaren Bilder des Nachts, von fröhlichen Bauerburschen?

Eher nein, vielleicht war es doch HUGO!

Ab jetzt analysieren wir die Gründe für dieses Spielchen, das mit uns gespielt wird. Das Endergebnis wird uns überraschen und seine Brutalität sprachlos werden lassen.

Wieder gilt es die Spuren und Indizien zu analysieren, vor allem die Unfälle, die so gar nicht ins Konzept der Schattenspieler gepasst haben.

Diesmal müssen wir nicht ins Chaos des Weltkrieges zurückkehren, sondern wir sehen uns die 1950er und 1960er Jahre an. Ebenso wichtig sind die Aufzeichnungen der UFO-Gemeinde dieser Jahre.

Es gibt einmal die Sichtungen diskusförmiger Objekte, ausgestattet mit einer Lichtorgel, die den Discotheken der 1980er Jahre alle Ehre gemacht hätten.

Wir haben das deutsche Erbe, übergeben von unserem Herrn Kammler an die USA, aber auch die Einflüge und Sichtungen außerirdischer Objekte, die sich Menschen gegriffen haben oder andere Aktivitäten auf der Erde ausgeführt haben. Diese Gegebenheiten muss man trennen. Alienaktivitäten lassen wir außer Acht und fliegende Lichtkugeln sowie Diskusflugobjekte mit Festbeleuchtung sind Geheimprojekte der US-Behörden. Die Diskusflugkörper sind auch kein US-Patent, sondern Made in „weiß der Teufel wo“. Die Foo-Fighter mag man aus der Konkursmasse des deutschen Reiches abgegriffen haben, ebenso die Antigravitation. Das Alienschiff aus deutscher Beute mag auch dazu gehört haben.

Gänzlich konträr dazu stehen der Unfall mit der "Glocke" in Kecksburg, (Pennsylvania, USA) im Dezember 1965 und der Crash eines UFOs bei Shag Harbour (Nova Scotia, Kanada) im Oktober 1967. Beide Vorfälle wurden von zahlreichen Zeugen beobachtet.

Die „Glocke" wurde in Deutschland erbeutet, wie der polnische Journalist Igor Witkowski herausgefunden hat. Dieses Beutestück stand 21 Jahre in den USA herum, bis man es zum Fliegen gebracht hat und dann ist es prompt abgestürzt. Dagegen der Diskus 1945.

Dazu das andere „Spielzeug" in US-Besitz. Das stinkt doch! Wurden da Geschäfte mit Außerirdischen gemacht, vielleicht Menschen gegen Technik getauscht? James Forrestal, immerhin Marineminister am Ende des 2. Weltkrieg und Chef der „Majestic 12" (geheimes Komitee zur Bergung und Untersuchung von außerirdischen Raumfahrzeugen) hat sich im Mai 1949 im Krankenhaus aus dem Fenster in den Tod gestürzt. Das Komitee „Majestic 12"

hat sich in den 1950er Jahren mit den zunehmenden UFO-Sichtungen offiziell beschäftigt, z.B. mit „Roswell".

James Forrestal

Am Fenster in dem bewussten Krankenhaus, aus dem sich Forrestal stürzte, wurden Kratzspuren gefunden. Vielleicht war sein Abgang nicht so freiwillig wie dokumentiert oder er hat etwas nicht mehr vor seinem Gewissen verantworten können.

Also auf der einen Seite Supertechnik, auf der anderen haben sie den Arsch nicht hochgekriegt. Da stimmt etwas nicht. Alles kann man den Außerirdischen nicht in die Schuhe schieben, aber die Herrschaften Schattenspieler haben es versucht. Wieder war die Aufmerksamkeit der Ufologen äußerst lästig und hier wurden auch wieder "Kornkreise" gezogen, nur ein bisschen anders!

Ende der 1960er in Point Pleasant wurden ebenso wieder Lichtkugeln über einer alten Fabrik gesehen. Es gab die ersten "Man in Black" und ein Mottenmann erschreckte die Bevölkerung mit seinen rotglühenden Augen und wahrscheinlich mit einem der ersten neu entwickelten Raketenrucksäcke, die 1984 bei Olympia in Los Angeles offiziell gezeigt wurden. Damals gab es das Wort Fake noch nicht. Aber die Leute, die das Ding gesehen haben, bekamen einen Heidenschrecken. Zufällig ist noch eine Brücke zusammengekracht und Hollywood hat einen Film daraus gemacht. Perfekte Vertuschung. Ich wiederhole: Nichts passiert ohne Grund und es gibt keine Geister, es gibt nur die Realität und Verarsche!!!

Zu den „Men in Black" ist anzumerken, dass für diese Personen der schwarze Anzug und die Sonnenbrille charakteristisch sind. Ihre Aufgabe ist die Einschüchterung und Bedrohung von Zeugen und ihr Auftreten ist bedrohlich und aggressiv. Ihr erster „Auftritt war in Point Pleasent im Zuge der Mottenmann-Affäre. Einige Jahre später wurde bekannt, dass diese Personen vom Luftfahrtministerium der USA bezahlt wurden, geleakt würde man heute dazu sagen. Diese Personen haben aber absolut nichts mit den freundlichen „Men in Black" in den Hollywoodfilmen zu tun.

Im Jahre 1976 gab es in England die ersten Kornkreise. Da fällt mir natürlich gleich der Name Woodbridge (US-Basis) und Randlesham-Forest ein. Na, so ein Zufall aber auch. Dazu muss ich nichts mehr sagen, außer, "Hugo" war es nicht. Das auch Lichtkugeln gesehen wurden fand keinerlei Beachtung. Wahnsinn was die Lichtkugeln damals schon gekonnt haben. Magnetfelder auf Millimeterbasis generieren! In einer Zeit, wo die Computer noch Schränke waren! Weiter geht's. In Westdeutschland gab es danach zunehmend Sichtungen unidentifizierbarer Objekte. Auch, und nicht nur, über der AUDI-Fabrik in Ingolstadt. Das ging fett durch die sonst so zurückhaltende Presse, was die sogenannten UFOs angeht. Etliche Zeugen, Streifenwagen und viel Getöse. Das war denn doch zuviel. Auch wenn ich mich wiederhole, es lässt sich nicht alles unter den Teppich kehren. Einer sieht immer zu! Oder manchmal auch mehrere...

Ufo gesichtet

Sonderbare Erscheinung am Himmel im Eupener Land

Eupen. — Rätselhafte Beobachtungen machten Mittwoch abend eine Gendarmeriestreife und verschiedene Bürger im Eupener Land. Die Gendarmeriestreife sichtete gegen 17.30 Uhr ein unbekanntes Flugobjekt (Ufo), das sich aus Richtung deutsche Grenze der Stadt Eupen näherte. Um was es sich dabei handelte war nicht genau auszumachen. Das Flugobjekt hatte drei starke Scheinwerfer auf den Erdboden gerichtet, hinter deren Licht der Flugkörper selbst verborgen blieb.

Das Flugobjekt bewegte sich in einer Höhe von 300 bis 400 Metern fast geräuschlos fort. Lediglich ein Brummen wie von einem starken Elektromotor war zu vernehmen. Ab und zu verharrte das Objekt bewegungslos am Himmel, während weitere Lichtstrahlen zur Erde zuckten, von der in Flugrichtung zwei Scheinwerfer auf den Boden gerichtet waren während ein dritter am Heck des Objekts erstrahlte. Dazwischen habe sich eine orangefarbene Blinkleuchte befunden.

Das Ufo bewegte sich zielstrebig über Bielen in Richtung der Gileppe Talsperre. Hier verharrte es nach Augenzeugenberichten etwa 45 Minuten lang, ehe es in Richtung Spa verschwand. Dem Vernehmen nach wurde das Objekt auch über Spa beobachtet, wo es etwa 30 Minuten lang zu sehen war.

Zweites Objekt?

Doch nicht genug mit dem einen geheimnisvollen Flugkörper. Nachdem der erste verschwunden war, tauchte ein zweiter über dem Eupener Land auf (oder kehrte der erste zurück?) und flog in großen Schleifen zunächst längs der Autobahn, so als ob die Insassen etwas auf des Walhorner Feldes waren diese Manöver des Ufos von den Augenzeugen gut zu beobachten. Schließlich entfernte sich der Flugkörper in Richtung Bleyberg und niederländische Grenze.

Die Gendarmeriestreife teilte ihre Beobachtung unverzüglich dem Flughafen von Bierset mit, jedoch konnte man dort auf den Radarschirmen nichts feststellen, da offenbar die Flughöhe der Objekte für eine Erfassung durch Radarstrahlen zu gering war.

Inzwischen wird aus der Provinz Luxemburg eine ähnliche Beobachtung gemeldet. Dort sichtete ein Beamter der Flugsicherung von Bastogne ebenfalls einen mit drei Scheinwerfern ausgerüsteten Flugkörper in der Nähe von Longvilly, der sich längs der belgisch-luxemburgischen Grenze fortbewegte.

Spekulationen

wesen sein. Bleibt zu vermuten, daß es sich um ein Luftschiff gehandelt hat, wie sie zu Werbezwecken eingesetzt werden. Allerdings sind diese meist nur tagsüber im Einsatz. Es wäre jedoch möglich, daß die Besatzung eines solchen Luftschiffs einmal einen nächtlichen Ausflug unternommen hat, um den Anblick der beleuchteten belgischen Autobahnen und Landstraßen zu genießen.

Sollte es sich bei der Erscheinung nicht um ein irdisches Objekt gehandelt haben, bleibt noch die Möglichkeit eines Besuchs aus dem All. Vielleicht sind die Hilferufe des zotteligen Alf inzwischen von seinen Freunden im Weltraum gehört worden, und die suchen ihn nun im Eupener Land.

Neben den Behörden, die sich intensiv mit dem unbekannten Flugkörper befassen, nimmt auch unsere Redak-

Daraus ziehe ich alle folgenden Rückschlüsse. Von der Basis Woodbridge aus wurde mit diesen, sagen wir mal, Alternativflugzeugen, das mögliche Schlachtfeld in Westdeutschland abgeflogen. Ortskenntnis erlangen! Denn...

Entscheidend für das Erkennen der Trennung von Alienaktivitäten und US-Geheimprojekten waren für mich einige Tage im September 1979. Was passierte damals: Ein UFO über der AUDI-Autofabrik in Ingolstadt. Es gab viele Zeugen und fünf Streifenwagen waren hinter diesem Ding her. Für mich stellt sich die Frage: Was interessiert die Aliens eine Autofabrik? Die sind doch nicht bescheuert! Oder doch? Also, meiner Ansicht nach war dieses Ding das Vorgängermodell des "Bat" (Fledermaus) und der

Besuch in Ingolstadt hatte seinen Grund. Und außerdem sollte das nicht die einzige Sichtung gewesen sein.

Wir waren in den 1970er Jahren im Krieg. Das glauben Sie nicht? Doch, es war ein Krieg, allerdings ohne Schlachten. Der Krieg wurde auf dem Parkett der internationalen Diplomatie, an den Börsen und in den Fabriken geführt. Die Waffen waren u.a. die Währungen die Deutsche Mark, der US-Dollar, der französische Franc und das britische Pfund.

Es war der "Kalte Krieg" und auch der Krieg der Geheimdienste. Es gab verdeckte Operationen, Auftragsmorde, die Grenze zu den Ostblockstaaten ("eiserner Vorhang"), gegenseitige Provokationen der Staaten der Nato und des Warschauer Paktes, die innerdeutsche Grenze, das geteilte Berlin, den Schießbefehl der DDR an der innerdeutschen Grenze mit zahlreichen Toten.

Die Glienickerbrücke in Berlin. Austausch von Agenten und anderen Schweinereien. Treffpunkt der Schattenspieler aus Ost und West.

Die Fronten waren verhärtet. Zu jeder Zeit hätte der Krieg "heiß" werden können und oft genug wäre es um Haaresbreite fast dazu gekommen.

Wie im Jahre 1984 als die Russen einige amerikanische Raketen orteten. Der Gegenschlag hätte sofort erfolgen müssen. Der verantwortliche Offizier verweigerte jedoch den Befehl. Letztendlich war es eine Luftspiegelung.

Glück gehabt?

Der Offizier wurde bestraft.

Leute, das war knapp!

Deutschland wäre bei einem Krieg das Hauptschlachtfeld gewesen und wäre förmlich pulverisiert worden. Nicht einmal die Kakerlaken hätten diese Apokalypse überlebt. Im späten zwanzigsten Jahrhundert hatte Deutschland das Glück , das es auch im Jahr 1914 gebraucht hätte.

KAPITEL 12
DIE SPUR DES DREIECKS

UFO-Sichtung

UFO-Sichtung

file:///D:/Das%20geheime%20deutsche%20Erbe/51%206-d%20UFO-Sichtung.html

Interne Nummer	**UFO-Sichtungsbericht**	WWW.UFO-DATENBANK.DE

Fallnummer: 19790616 **Sichtungsdatum:** 16.09.1979 **Sichtungszeit:** 21.00 MEZ **Sichtungsort:** bei Ingolstadt **Sichtungsland:** Deutschland **Zeugen:**	**Klassifikation:** NL **Bewertung:** **Identifikation:** **Quelle:** UFOs über Deutschland, Michael Hesemann, 1997, Seite 87 **Untersucher:** **Ermittlungsstatus:**

Sichtungsbeschreibung:
Am Abend des 16.09.1979 verfolgte die bayerische Landespolizei zwischen Ingolstadt, Eichstätt und Weißenburg drei hell leuchtende UFOs. Zahlreiche Anrufer hatten die unheimlichen Flugobjekte kurz nach 21.00 Uhr gemeldet. Sie waren sehr groß und strahlend. Außerdem flogen sie sehr schnell ohne Motorengeräusch, dabei blinkten sie gelb und rot. Die UFOs waren fünfeckig und wurden zuerst in Dreierformation über dem Werksgelände von Audi/NSU bei Ingolstadt beobachtet. Ein Gastarbeiter informierte dort die Polizei. Kurz darauf tauchten die drei Lichter über Eichstätt auf. Von dort flogen zwei Objekte nach Weißenberg-Pleinfeld weiter, wo sie von Beamten einer Funkstreife gesehen wurden. Das dritte Objekt kehrte nach Ingolstadt zurück. Insgesamt verfolgten mindestens 10 Polizisten die UFOs. Eines - berichteten die Polizisten - sei in einer Höhe von 500 Metern stehengeblieben und hätte Blinksignale gegeben, bevor es davonschoss. An den Beobachtungen unserer Beamten ist nicht zu zweifeln, erklärte der Polizeisprecher in Ingolstadt. Später wurde bekannt, dass die Fluglotsen des Flughafens München Riem das stillstehende Objekt auf dem Radar orteten.

Diskussion und Bewertung:

Zeichnungen / Fotos zum Fall:

Interne Vermerke: [] Ins Archiv am: [] Kopie für: [] __________ [] Eigene Fallnummer: __________	Copyright by UFO-Datenbank.de

Eine Art von UFO-Sichtungen in den 1970er Jahren waren keilförmige Objekte, die als lautlos gleitend und sehr schnell beweglich beschrieben wurden. Eines dieser Objekte war das UFO über der AUDI-Fabrik in Ingolstadt, das von vielen Zeugen gesehen wurde, die die Polizei alarmierten. Diese keilförmigen Objekte wurden in ganz Deutschland gesichtet, u.a. auf der Schwäbischen Alb und in Bayern über Industriestandorten. Ich persönlich konnte mit einem Zeugen sprechen, der so ein Objekt über der Großen Kreisstadt Eichstätt in Bayern aus nächster Nähe gesehen hat. Er beschrieb es als lautlos schwebend und kam aus Richtung Osten. Der Beobachter hat diese Erscheinung später noch einmal über einem Waldstück bei einem kleinen Ort weiter östlich von

Eichstätt gesehen, das einen senkrechten, orangeroten Lichtbalken nach unten auf die Erde ausstrahlte. Für ihn war das damals rätselhaft. War diese Beobachtung etwas für Ufologen oder nicht?

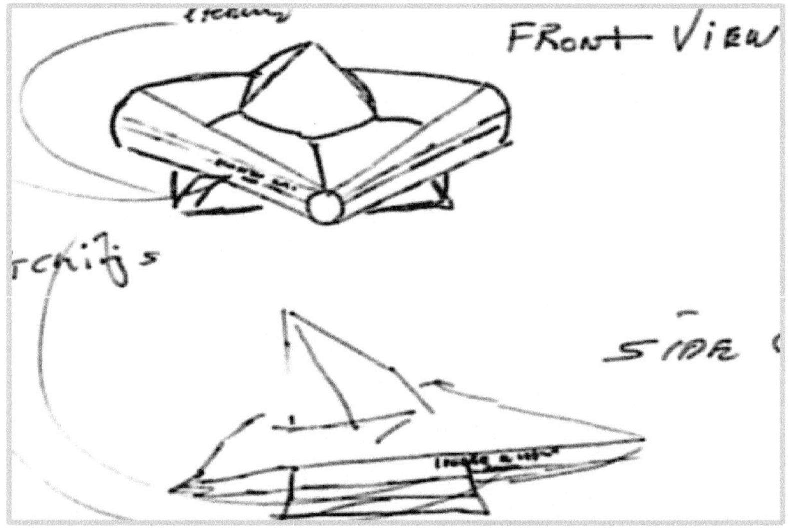

Zeichnung von Sergeant Penniston

Im Dezember 1980 ereignete sich in England nahe der US-Basis Woodbridge der Rendlesham-Forest-Zwischenfall, dem relativ große Beachtung durch Berichte in der Presse und im Fernsehen in der Öffentlichkeit zukam. Dort ist ein unbekannter Flugkörper abgestürzt, das von den dortigen Wachmannschaften der Militärbasis gefunden wurde und von dem ein Sergeant Penniston die obige Zeichnung angefertigt hat. Die Herkunft dieses Flugkörpers konnte, genau wie bei den Beobachtungen in Süddeutschland, nicht geklärt werden. Alle Fakten darüber können im Internet nachgelesen werden.

Cash-Landrum-Vorfall – Zeichnung

Einige Tage bzw. einen Tag nach dem Ereignis in Rendlesham-Forest (England) kam es am 29.12.1980 in Dayton (Texas, USA) zum sogenannten Cash-Landrum-Vorfall. Drei Personen wurden erheblich „verstrahlt". Bei dieser Begebenheit ist eine stark radioaktive und leuchtende Ladung mit schweren Transporthubschraubern an einem Leinengeschirr über Land transportiert worden. Das dieser Vorfall zeitlich mit dem Unfall in England zusammenpasst, das sieht doch jeder logisch denkende Mensch. Und der Rückschluss daraus ist, der Antrieb dieser Fluggeräte ist höchst gefährlich, stark radioaktiv und anfällig für Schäden und Aussetzer. Die Hubschrauberstaffel könnten die "Blue Boys" gewesen sein, da diese Truppe stets mit solchen Aktionen in Verbindung gebracht wurde. Einzelheiten dazu können im Internet in den einschlägigen Berichten nachgelesen werden.

Eine Zeit lang wurde es ruhig um die Sichtung von unbekannten Flugobjekten, bis im März 1990 über Belgien eine UFO-Welle über das kleine Land hereinbrach. Von vielen Zeugen (u.a. Polizisten, Hausfrauen, Arbeiter, Autofahrer wurde über zahlreiche Sichtungen berichtet und durch Fotos und Zeichnungen nachgewiesen.

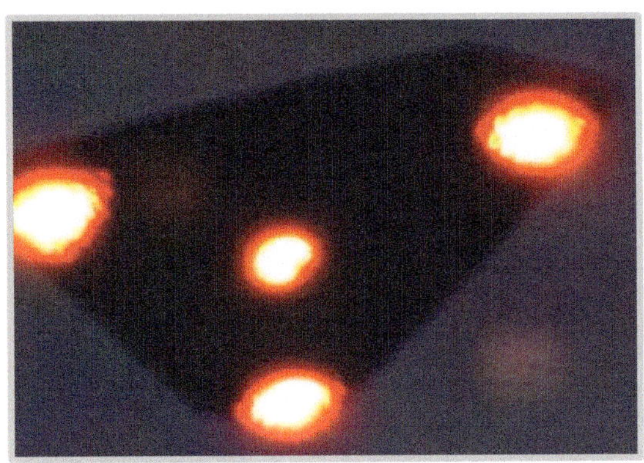

Das schwarze Dreieck, ein Bild von vielen. Möglicherweise eine Fotomontage aber übereinstimmend mit den Zeugenaussagen.

Das unbekannte Flugobjekt hatte eine dreieckige Form und auf der Unterseite befanden sich Lichtbälle, die als Dreieck angeordnet waren. Nach ungefähr drei Monaten endete der Spuk so plötzlich wie er begann.

Aber was hat das mit den Kornkreisen zu tun? Die Antwort ist: Alles!! Über den Lichtbällen, die diese wunderschönen akkuraten Muster in die Getreidefeldern stanzen, steht ein Mutterflugobjekt, wie einst die Piper Cub über der Lichtkugel, mit der sich der Pilot George Gorman an jenem 1.10.1948 balgte.

Wie können diese streng geheimen Objekte den US-Behörden zugeordnet werden? Die Einsatzgebiete, an denen die Sichtungen stattfanden, einschließlich der AUDI-Fabrik in Ingolstadt, muss man aus militärgeschichtlicher Sicht betrachten. Es herrschte der „kalte Krieg" zwischen den Westmächten und den Staaten des Ostblocks. Wenn der Krieg jedoch "heiß" geworden wäre, so wäre dies immer mit einem Angriff der Warschauer-Pakt-Streitkräfte auf dem Territorium der Bundesrepublik Deutschland einhergegangen. Die dreieckigen unbekannten

Flugkörper machten sich meiner Meinung nach mit den geographischen Gegebenheiten Westdeutschlands vertraut.

Stoßrichtungen der Panzerverbände der Warschauer-Pakt-Streitkräfte, wenn der Krieg heiss geworden wäre.

Die Einfallsrouten aus Richtung Osten sollten erkundet werden: Ausgehend von DDR-Territorium durch das sogenannte Fulda-Gap. Aus der CSSR in die strategisch wichtigen Tiefebenen Süddeutschlands, ich errinere an die Flugplätze Neuburg/Donau und Manching. Flusstäler die einen konzentrisch geführten Panzerangriff mit sogenannten Stoßarmeen geeignet wären. Die wurden abgeflogen. Anzumerken ist, dass damals die AUDI-Fabrik innerhalb kürzester Zeit die Produktion von Autos auf Panzer umstellen hätte können. Nicht zu vergessen das Raffineriezentrum Ingolstadt und Burghausen. Es ist unlogisch, dass sich Aliens für die taktischen Gegebenheiten in einem Szenario des 3. Weltkrieges interessieren würden und deshalb kann man diese Idee in die Kiste zu den Star-Trek-Filmen legen.

Ich wiederhole nochmals: Nichts passiert ohne Grund! Es sind alles logische Abläufe und die Schattenspieler spielen mit!

Die geheime US-Technik offenbarte sich nur einmal halb offiziell, sodass die „andere Seite" es für besser hielt, still zu halten.

Gehen wir nochmals zum März 1990 zurück, als die belgische UFO-Welle begann, die 3 Monate dauerte. Die Wiedervereinigung Deutschlands stand bevor. Dazu kam der Konkurs des Kommunismus. Es brodelte bei der Westgruppe der russischen Streitkräfte in der DDR. Stand bei diesen eine Meuterei bevor? War diese möglich oder wahrscheinlich.

Was könnte die in der DDR stationierte Armeeführung gedacht haben? Sollten sie meutern oder angreifen und dann neuen Ruhm ernten? Das, was mit Strömen von Blut am Ende des 2. Weltkrieges im Jahr 1945 gewonnen wurde, sollte abgegeben bzw. verlassen werden und dann noch zurück in die Sowjetunion. Der russische Bär, der mit abgewetztem Fell um eine warme Mahlzeit bettelt – undenkbar. Die strahlenden russischen Sieger von Berlin sind 45 Jahre später die Verlierer, die um Nahrungsmittel und Kredite bitten mussten. Uncle Sam hat die Schublade mit seinem Tafelsilber einen Spalt weit geöffnet, um sie ruhig zu stellen. Welche Informationen der KGB (sowjetischer In- und Auslandsgeheimdienst) noch erhalten hat, ist öffentlich nicht bekannt.

Die geheimen Flugkörper, die von den GI's (= Bezeichnung für Soldaten der USA) „Bat" genannt werden, sind der geheime Arm der US-Streitkräfte.

Wir haben für diese geheimen Flugkörper folgende Indizien: Einen alternativen Antrieb, der sehr störanfällig ist, die Antigravitation, abgegriffen aus den Resten des Dritten Reichs, und weiß der Himmel noch was für futuristische Techniken, durchaus oder eher wahrscheinlich nichtirdischen Ursprungs.

Also werten wir diese bekannten Indizien aus:

Der Flugkörper über der AUDI-Fabrik war die erste Version des „Bat", oft gesehen und beschrieben über Süddeutschland. Es war dieser Typ von Flugkörper, der so schmählich im Randlesham Forest in unmittelbarer Nähe der US-Basis Woodbridge Bruch erlitten hat. Die Zeugen dieses Vorfalles waren bis zum Oberstleutnant allesamt US-Militärangehörige. Es ist den Behörden hoch anzurechnen, dass sie diesen Zeugen keine Verfahren angehängt haben. Es hätten ja auch Aliens gewesen sein können. Offiziell war es ein Leuchtturm. Den „Scheiß“ glaubt niemand und erst recht kein Ufologe, höchstens die Oma oder die Zeitung. Der gesamte Vorfall im Wald nahe der US-Basis Woodbridge und seine Fortsetzung in den USA waren ein Treffer in die Genitalien der Geheimprojekte. Nur muss man das merken bzw. diesen „Braten“ muss man riechen.

Die nächste Version des „Bat“ war der dreieckige Typ der belgischen UFO-Welle. Offensichtlich war der Antrieb überarbeitet oder erneuert worden. Neben der Antigravitation sorgten hier die drei weißen Energiebälle für den Vortrieb. Es gab in den 1990er Jahren noch eine weitere kleinere UFO-Welle, diesmal in England. Die Flugkörper waren zu dieser Zeit noch gut sichtbar, was sich später ändern solle. Ich vermute, dass diese Welle zur weiteren technischen Entwicklung diente. Dies spricht auch für den Standort Woodbridge als Basis in den 1980er und 1990er Jahren, also etwas hinter der möglichen Kriegsfront in Deutschland.

Nunmehr haben wir die Entwicklungsgeschichte der ersten „Bat's“ nachvollziehen können, soweit wir aus Indizien, Zeugenaussagen und militärgeschichtlichem Hintergrundwissen schließen können. Es waren die Unfälle und Unwägbarkeiten, Zufälle und andere Dinge des täglichen Lebens, vor denen auch die Geheimdienste nicht gefeit sind.

Langsam beginnen wir zu begreifen, dass die Kornkreisgeschichten nur winzige Mosaiksteinchen sind.

George Orwell würde diese Geschichten kalkweiß werden lassen, aber 1984 ist schon lange vorbei. Also lassen wir den guten Orwell in Frieden ruhen.

Was würde ein Kriminalkommissar zu den geschilderten Vorkommnissen sagen?

Ja, Abhören und Stalking sind Verbrechen. Also soll man Profiling zur Tätersuche erstellen und man könnte hier auch sagen, ein Geschichtsprofiling. Ganz einfach ist es aber, die Geschehnisse mit anderen Augen zu sehen.

Wer sind denn die Gegner unserer Taschenspieler? Sind es die Russen, die Chinesen, der Betonislam und wer noch könnte es sein?

Vielleicht sind es die neugierigen Ufologen mit ihren Kameras, die Organisationen MUFON und CENAP oder wie sie sonst noch alle heißen.

Nicht vergessen darf man das moralische Vorbild der Welt, die Ikone der Bürgerrechte: Die Vereinigten Staaten von Amerika, die so stolz auf ihre Verfassung sind und auf ihre Freiheiten.

Die US-Bürger würden, wenn ich mit meiner Theorie richtig liege, sicher wenig begeistert sein, wenn ihnen bekannt werden würde, dass ihresgleichen an Aliens verkauft werden.

Sensationen bringen Geld und auf diese Enthüllungen trifft das ebenfalls zu.

SENSATIONEN BRINGEN GELD.
UND DIESE ENTHÜLLUNGEN BRINGEN SELBIGES!

KAPITEL 13
WILLKOMMEN IM NEUEN JAHRTAUSEND

Gesehen und nachgezeichnet aus einer Dachluke, Antwort ein BAT mit Ostkurs.

Das dritte Jahrtausend ist gerade etwas mehr als 20 Jahre alt geworden. Dank des Internets ist die Welt noch näher zusammengerückt. Die Bits und Bytes fliegen nur so von Kontinent zu Kontinent. Das Muster ist aber das Alte. Der eine weiß dies, der andere weiß das, nur erfolgt der Austausch der Informationen viel schneller. Es gibt nunmehr auch die neue Berufsbezeichnung "Verschwörungstheoretiker". Na gut, bei diesen sind schon einige arg Schräge dabei. Ich möchte jetzt nicht ins Detail gehen, obwohl manches zur Unterhaltung beitragen würde. Aber war Galileo Galilei nicht auch ein „Verschwörungstheoretiker? Er behauptete, dass die Erde nicht Mittelpunkt des Universums ist und die Sonne nicht um die Erde kreist. Dies war nach dem damaligen Weltbild schlicht unmöglich.

Zum Thema "Verschwörungstheorie" pflege ich immer mit folgendem Witzchen zu antworten:

Treffen sich zwei Schweinchen, sagt das eine "Ich habe gehört, die Menschen füttern uns, weil sie uns essen wollen!" Sagt das andere Schweinchen "Ach, du mit deinen Verschwörungstheorien!" Irgendwie kann ich da nicht darüber lachen.

Nach dem 2. Weltkrieg rätselte man, wer die Einzelheiten über die deutsche Kriegführung zu Lande und zu Wasser verraten hat. Die Verschwörungstheorie sagte bis Anfang der 1980er Jahre, dass dafür ein Spion in der Obersten Heeresleitung oder sogar im Umfeld des Führers verantwortlich war. Nichts dergleichen.

Die Engländer haben die Enigma-Schlüsselmaschine geknackt, und zwar in allen ihren Variationen. Auch die Geheimdienstenigma mir vier Walzen ohne Umkehrwalze. Zu Krigsende dauerte die Zeit bis der jeweilige Tagescode bekannt war nur noch ca. eine halbe Stunde. Das war auch mal eine Verschwörungstheorie. Die Wahrheit war noch viel schlimmer. Kriegsenscheidend.

Es gibt keinen Grund die Leute zu verdammen, die nach der Wahrheit suchen, da das ihr Job ist. Sie sind auf der Suche nach denjenigen, die etwas zu verbergen haben oder etwas vertuschen müssen.

Presse und Fernsehen überschütten uns mit Informationen, ein Gelaber aus tausenden Kanälen. Aber irgendwie ist das alles wie bei der „Familie Saubermann“: Nach außen hin wird eine heile Welt vorgegaukelt und in der Bude wird gesoffen und sich gefetzt. In dieser schönen neuen Zeit sind auch unsere Schattenspieler dort gelandet.

Reconnaissence, das heißt Aufklärung und das ist wichtig in der heutigen Zeit. Immer noch zieht die Fledermaus ihre Kreise über Deutschland und am Anfang des 3. Jahrtausends kam eine neue Innovation dazu: Der „Bat“ konnte sich unsichtbar machen. Lediglich die drei weißen Energiebälle waren noch zu sehen. Und sie wurden von vielen Personen in ganz Deutschland gesehen, vor allem im Süden und in der Mitte Deutschlands. Ich kam zu folgendem Schluss, die Basis dieser Objekte ist nicht mehr Woodbridge in England, sondern Ramstein, wie allgemein bekannt, die größte US-Militärbasis in Europa. Ich glaube, dass die Fledermäuse dort nunmehr ihre Höhle haben, da Deutschland jetzt nicht mehr Frontstaat und potenzielles Schlachtfeld ist. Nun ja, das ist Militärgeschichte!

Ich erinnere daran, dass alles, aber wirklich alles, an dieser Fledermaus-Aktion geheim ist und ich weder Alientechnik noch Alienbeteiligung daran ausschließe.

Die Frage ist auch, was könnten die Fledermäuse unter Freunden und NATO-Partnern denn ausrichten? Die Antwort wäre: Abhören und Überwachung des Internets und der Handys und weiß der Teufel was sonst noch. Das erfolgt mit einer Intensität, die selbst den eingefleischtesten Aluhütchenträger bleich werden ließe. Und was können die „Bats“ noch alles? Können sie aus dem nichts töten?

Die Kanzlerin zu Obama, abhören unter Freunden ... ?!

Die „Bats“ mit ihrer bis heute störanfälligen Technik benötigen hohe Energiemengen für Tarnung und Antigravitation und weitere diverse Aufgaben, wie z.B. dem Abhören. Sie kreisen über uns, während diverse Mitbürger schon bei der Ansicht eines Mobilfunkmastes oder eines Windrades „besten Naturdünger in ihren diversen Unterbekleidungen produzieren“.

An diesem Punkt kommen wieder die Kornkreise ins Spiel. Nein, ich habe sie nicht vergessen.

Auch die Schattenspieler müssen sich auf die neue Zeit einrichten, wo fast jedes Mobiltelefon eine Kamera hat, von der unsere Väter nur träumen konnten und fast jeder Schüler ein solches mit sich herumträgt.

War es früher ein ungeheurer Zufall, ein unidentifzierbares Objekt fotografieren zu können, so ist das heute an jedem Ort und zu jeder Zeit in einer Qualität möglich, die alles in den Schatten stellt.

Ein Franzose hat im Jahr 2009 ein Video mit dem Titel „Kornkreise und Lichtkugeln“ aufgenommen und auf YouTube eingestellt. 10 Jahre später sieht das eine Person, die sich mit diesem Thema seit Jahren beschäftigt und die Verursacher nach einer Sekunde identifizieren kann.

Der binäre Code

Die Ufologen müssen abgelenkt werden. Ein

Höhepunkt der Desinformation bzw. eine „Verarschung“ war der binäre Code in einem dieser Felder. War das eine Nachricht von einer anderen Zivilisation aus den Tiefen des Kosmos. Man kann getrost davon ausgehen, dass auch dieses Machwerk von einigen Energiekugeln, gesteuert von einem unsichtbaren “Bat” aus, produziert wurden. Die Kornkreise sind ja auch wunderschön und gefallen vielen Menschen, aber höchstwahrscheinlich nicht dem

Werde wach.de, ich bin es schon – ihr auch?

Landwirt, da er dadurch einen Ernteausfall zu verzeichnen hat.

Somit ist die Quintessenz dieses Kapitels, die Ufologen, ob MUFON und CENAP oder wie sie alle heißen mögen, müssen sich gewahr sein, missbraucht zu werden. Sie müssen lernen zu unterscheiden zwischen Geheimaktivitäten und Alienbegegnungen, da es beides gibt. Doch dank ihrer akribischen Dokumentationen können wir oder sie beides unterscheiden. Ich möchte im Übrigen darauf wetten, dass auch die Ufologie von Geheimdiensten infiltriert und unterwandert ist.

Mit Grüssen nach Nazca.

Eine der Fragen ist auch, warum es nicht längst Kontakte zu anderen Weltraumbewohnern gibt. Eine Nation möchte ich hier explizit nennen, die Kontakte zu Außerirdischen hat: Die USA. Die Wahrheit darüber dürfte so grauenhaft sein, dass wir sie uns nicht im Entferntesten vorstellen können. Vielleicht ist sie so, wie die Schlussfolgerung aus meinem Witzchen mit den kleinen Schweinchen.

Vielleicht so wie die kleinen Schweinchen....

KAPITEL 14
TACTICAL RECONNAISSENCE

Das in Belgien des Öfteren gesehene dreieckige Objekt (Fledermaus) soll die Bezeichnung TR3b erhalten haben. TR steht für Tactical Reconaissence, also taktische Erkenntnisse. Aus dieser Bezeichnung kann man wieder Rückschlüsse ziehen. Erst mal wäre zu sagen, dass selbst bei geheimsten Projekten oft die einfachsten Fehler gemacht werden, weil sie so leicht zu übersehen sind. Bei der Bezeichnung könnte man doch auf die Idee kommen, dass es auch einen TR2 und TR1 gegeben hat. Den Typ TR1 würde ich über dem AUDI-Werk im September 1979 sehen. Den Typ TR2 würde ich Randlesham Forest zuordnen. Möglicherweise wurde das Modell TR2 gerade erprobt und ist deshalb abgestürzt. Das Modell TR3 könnte dann die belgische UFO-Welle verursacht haben. Ich vermute, das war eine Luftfahrtschau der besonderen Art, um die unruhigen Sowjets von Dummheiten abzuhalten. Wenn wir der Phantasie freien Lauf lassen, dann müsste es daraufhin eine Ausführung der Fledermaus mit der Bezeichnung TR3a ebenso gegeben haben, bevor der Typ TR3b mit seinen 3 Energiekugeln genutzt wurde. Die Energiekugeln sind das, was die Rentiere beim Schlitten des Weihnachtsmannes sind und zwar im Zusammenwirken mit der Schwerkraftreduzierung auf 19%, was von Gary McKinnon gehackt und an die Öffentlichkeit weitergegeben wurde.

Durch viele Sichtungen und Beobachtungen der Flugmanöver der „Bats" kann sicher davon ausgegangen werden, dass die 3 Energiekugeln dem Antrieb dienen. Wenn die Sichtung von James Lovell beim Flug der Apollo 13 der Wahrheit entspricht, woran ich nicht zweifle, dann funktionieren die weißen Energiekugeln auch im Weltraum. Der „Bat" könnte also weltraumfähig sein und in dieser Version möglicherweise die Bezeichnung TR3a erhalten haben.

Legendär: Apollo 13

Es wird ja auch immer wieder von US-Weltraumstreitkräften oder Space Force gesprochen. Auch wenn ich mich wiederhole, es ist alles strengstens geheim.

Nach Gerry McKinnon soll es ja eine Aufstellung ausserirdischer Offiziere geben. Mir is dazu aufgefallen das bei der US-Marine viele Schiffstraditionsnamen nicht mehr vergeben sind. Oder??

Die blödesten Fehler sind immer die einfachsten. Da kann man ja mal spekulieren, sind da Schiffsnamen für etwas andere Schiffe verwendet worden.

Wir müssen das Beste aus den geringen Informationen machen, die uns zur Verfügung stehen. Vielleicht ist die Außerdienststellung des Space-Shuttles auch ein kleines Indiz für, das es auch im Land der unbegrenzten Möglichkeiten Grenzen gibt.

Die USA müssen die Kosten für eine riesige Militärmacht aufbringen und dafür auch Kredite aufnehmen. Möglicherweise wurde das Space-Shuttle ausgemustert, weil man schon seit längerer Zeit etwas Besseres hat. Ein Gedanke ist dies allemal wert.

Zu dem Hacker Gary McKinnon ist zu sagen, dass er von Großbritannien aus in die zahlreichen Computer der NASA und des US-Militärs eindrang. Die USA haben vehement seine Auslieferung Anfang der 2000er Jahre gefordert, um ihn vor Gericht zu stellen. Die britischen Behörden verweigerten dies u.a. auch Jahre später mit dem Hinweis auf sein Asperger-Syndrom. In der Regel werden Personen, die angeben, dass sie geheime Rechner gehackt haben, offiziell vollkommen ignoriert und oft lächerlich gemacht, eingesperrt, oder anderweitig unglaubwürdig gemacht. Im Fall von McKinnon hatten die USA ein verdächtig vehementes Interesse daran, seiner habhaft zu werden. Er wäre höchstwahrscheinlich lebenslang ins Gefängnis gekommen. Es wäre auch möglich gewesen, ihn durch einen tödlichen Unfall unauffällig auszuschalten. Die Durchführung einer solchen Tat ist für Geheimdienst sicherlich möglich. Ich glaube, dass McKinnon sich durch das Deponieren von hochbrisanten Informationen abgesichert hat für den Fall, dass er zu schnell das Zeitliche segnet. Bei diesen Informationen könnte es sich möglicherweise um das Wissen der Zusammenarbeit der USA mit den Aliens in unterirdischen Anlagen handeln, vielleicht sogar von Geschäften mit Menschenleben. Das vermute ich übrigens schon längere Zeit und nicht erst im Zusammenhang mit McKinnon.

LUFTFAHRT

Sie fliegen aber doch

DER SCHRIEVERSCHE FLUGKREISEL

Der „Spiegel" 30.3.1950

Zurückkommend auf das „Bat" mit der Typnummer TR3b, tauchen folgende Fragen auf: Sind diese Flugkörper bemannt? Waren die Vorgängermodelle bemannt? Wenn ja, waren das alles Erdgeborene? Darauf kann ich nicht einmal ansatzweise eine Erklärung oder wenigstens eine Vermutung äußern. Hier gibt es nicht das winzigste Fünkchen eines Hinweises.

Die Erfindung des Faktors Antigravitation kann in die Zeit des 2. Weltkriegs datiert werden.

Den Beleg dafür fanden wir 1945 im mittleren Westen der USA durch unsere beiden Jungen und deren Sichtung des diskusförmigen Flugobjekts, dessen Leichtigkeit und Schnelligkeit von ihnen beschrieben wurde (siehe dazu die Zeichnung beim Kapitel 2).

Im Februar 1945 soll oder besser ist über Prag der Schriever-Habermohl-Kreisel geflogen, der von General Patton`s Panzereinheit bei seinem Blitzfeldzug über Thüringen in die Tschechei erbeutet wurde. Patton wusste meiner Meinung nach, was er wollte und ist vermutlich deshalb auch im Dezember 1945 beseitigt worden. Offiziell war es eine Lungenentzündung nach einem Verkehrsunfall. General Patton konnte nie seine Klappe halten, was sein großer Fehler war.

Patton der Umbequeme, aber geniale Stratege.

So wurde Patton und seine Armee auf Beutezug durch Thüringen und Tschechien angesetzt. Durchbruch nach Pilsen bevor die Russen kommen. Eile war geboten. Der Stab um General Eisenhower wusste was zu holen war. Das ist heute noch sowas von TOP-SECRET. Sagen wir mal, das ist meine Vermutung.

Aber wie kann die Technik mit der reduzierten Schwerkraft funktionieren und das bereits im Jahr 1945? Jetzt befinden wir uns im Jahr 2021 und noch immer ist keiner daraufgekommen. Aber es ist doch Tatsache, dass es Fluggeräte mit reduzierter Schwerkraft gibt, da nicht alle Zeugen über 75 Jahre gemeinschaftlich halluzinieren können. Es ist nicht zu verstehen, dass all die klugen Köpfe der jetzigen Zeit nicht darauf kommen, wie die Technik zur Überwindung der Schwerkraft funktioniert.

Ansatzweise hier folgende Gedanken: Nikola Tesla hat zu seinen Lebzeiten über die Möglichkeit der Schwerkraftaufhebung eine Theorie aufgestellt. Bei der Theorie blieb es, obwohl er so manches obskure Experiment durchgeführt hat. Unbestätigten Gerüchten zufolge hatten diese auch mit einem Ring aus flüssigem Quecksilber zu tun und bei so mancher UFO-Beschreibung könnte man meinen, dass so etwas Ähnliches an der Unterseite des Flugobjekts zu sehen war.

Endstation in Kecksburg – Absturz der Nazi-Glocke

Ich erinnere an dieser Stelle an die bereits erwähnte legendäre Glocke, die im Jahr 1966 bei Kecksburg (Pennsylvania, USA) so spektakulär abgestürzt ist. Bei der Unterseite der Glocke könnte man auch einen Ring vermuten, in dem flüssiges Quecksilber zum Antrieb benutzt wurde.

Was auffällt: Alle diese Objekte ob diskusförmig oder dreieckig mit Ring an der Unterseite, die ich den USA unterschieben möchte, ob klein oder groß, oder die legendäre Glocke, der Ring aus flüssigem Quecksilber, das könnte passen. Hochgiftig wäre das im Übrigen auch! Nur nebenbei bemerkt im Bezug auf die Unterwäsche unserer empfindlichen Mitbürger.

Eines ist jedoch sicher und da werden Sie mir wahrscheinlich beipflichten: Die ganze Sache stinkt zum Himmel. Vielleicht steckt in dieser Äußerung mehr Wahrheit als uns lieb sein kann.

Wie bereits erwähnt, hat die Technik bei den Mobilfunkgeräten enorme Fortschritte gemacht, sodass jetzt überall telefoniert und fotografiert werden kann. Im Schattenreich der Geheimdienste hat man darauf reagiert und eine Tarnung entwickelt, die die „Bats" unsichtbar macht. Die unglaublichen Fähigkeiten der Technik in unseren Handys wurden gewissermaßen "umgedreht". Man sieht vom "Bat" jetzt nur noch die drei Leuchtbälle im Dreieck darunter und diese wurden oft genug in Mitteleuropa nach Jahr 2000 gesehen.

Reconnaissence, Erkenntnisse! Jetzt müsste es dem geneigten Leser allmählich dämmern, dass wir dem größten Abhörskandal der Menschheitsgeschichte auf der Spur sind.

Die Kornkreise, ach Gottchen, ein Ablenkungsmanöver für Ufologen und sonstige Personen, die es werden wollen. War der Foo-Fighter doch noch zu etwas nutze, wenn auch nur zur Beschäftigungstherapie für die sogenannten Verschwörungstheoretiker.

Warum muss ich da immer an die Gummipanzer am Pas de Calais denken....

KAPITEL 15
KOMMISSAR ZUFALL

Ja, ich hatte wirklich eine Menge Dusel bei meinen Ermittlungen in der Angelegenheit UFO. Ich hatte Kontakt in die unmittelbare Nähe von Hans Kammler, dann habe ich Vorkenntnisse in Sachen englischer Funkentschlüsselung und ich kenne einen ehemaligen NVA-Feldwebel der DDR, von dem ich unglaublich wichtige Details über die Westgruppe der Sowjetstreitkräfte erhielt. Immer wieder bekam ich Bestätigungen von Sichtungen des "Bat", so von meinem lieben Freund Willi aus einer Gemeinde nördlich von Ingolstadt, vor etlichen Jahren von einer Angestellten der BayernOil Raffinerie aus der Schwäbischen Alb und nicht zuletzt sehr akribische und detaillierte Angaben von einem Ufologen aus dem Saarland, wodurch ich als neuen Standort Ramstein ziemlich sicher verifizieren konnte, und das alles auf dem Bierdeckel meiner Heimat.

Den allergrößten Glücksfall hatte ich jedoch 2020. Eine Person, die aus für sie gutem Grund nicht genannt werden möchte, offenbarte mir einige Bilder in bester Qualität, die sie mit einem Handy gefilmt hat. Ich konnte daraus erkennen, dass die Tarnung des "Bat" erneut verbessert wurde. War dies ein TR4? Möglich wäre es. Charakteristisch war, dass über einen kurzen Zeitraum nur so etwas wie ein fliegendes Blatt Papier zu sehen war, zuerst nach der einen und dann nach der anderen Seite geneigt, jedoch ohne die drei Energiebälle! Wenn Sie meinen, das war doch nicht

Nicht original! Aber so ähnlich.

so spektakulär, kann ich Ihnen nur beipflichten. Aber dann ist dieses Objekt direkt auf einem Acker abgeschmiert, erhob sich nach einem kurzen Zeitraum immer noch vollkommen unsichtbar wieder.

Es hinterließ eine deutliche Dreckfahne, die seine Größe erahnen ließ, und ordentliche Furchen im Acker. Daraus folgerte ich, dass der Antrieb wie vor Jahrzehnten noch störanfällig ist.

Nachdem in den letzten Jahren noch der Flugkörper mit den 3 Lichtkugeln in Bayern, meist mit Ostkurs, zu sehen war, war dies jedoch absolut neu für mich! Ich habe das Geheimste vom Geheimen, das Neueste vom Neuen identifizieren können.

Die Kriminalisten nennen es den Kommissar Zufall. Er hat auch bei diesem Fall mitgeholfen, wie auch viele andere Personen.

Der Unfug mit den Kornkreisen kommt dann noch dazu. Als ich mir auf YouTube unter dem Titel „Kornkreise und Lichtkugeln" das Video des Franzosen aus dem Jahr 2009 anschaute, waren das sensationelle, aber doch anscheinend nichtssagende Bilder, bis ich neben dem Kornkreis Foo-Fighter erkannte. Wunderschön, wie sie ihre Kreise zogen und ihre Magnetfelder generierten. Da war mir klar, warum es „echte" und „unechte" Kornkreise gibt. Die Magnetfelder reichten einfach nicht bis zur Erde herunter. Dieses Rätsel löste sich also nebenbei. Ich persönlich brauche nicht mehr Lotto spielen, denn ich habe an diesem Tag mein Glück sehr beansprucht. Geheimdienste und andere dunkle Organisationen werden niemals verhindern können, dass ihre Machenschaften durch solche unglaublichen Zufälle auffliegen.

An dieser Stelle möchte ich einfügen, dass der Begriff „FOO" von dem französischen „FEU" für Feuer abgeleitet und von den US-Piloten anglisiert wurde. Dies nur nebenbei.

Am Schluss bleibt nur die Hoffnung, dass die nächste Havarie so eines Lauschers nicht zu einer Katastrophe mit ungeheuren Folgen für die Bevölkerung wird. Wie gesagt, die Dinger fliegen nicht durch Wassertreten. Man hätte in dem Acker einmal die Radioaktivität messen müssen.

Den Ufologen möchte ich noch sagen, bezieht immer die Militärgeschichte in eure Überlegungen mit ein. Irgendwann werdet ihr es sein, die die Wahrheit auf den Tisch der Welt legen. Die akribische Forschung und Dokumentation der Ufologie haben Unmengen von Ereignissen dokumentiert. Der wichtigste Faktor dabei sind jedoch die Zeugen, die „etwas gesehen" haben. Der Schwachpunkt dieser Dokumentationen ist die Analyse der Erkenntnisse. Die Ufologie ist zu einseitig im Bereich des außerirdischen Lebens engagiert. Diese einseitige Blindheit führt dazu, Geheimoperationen nicht zu erkennen, einzuordnen und als das zu benennen was sie sind, nämlich Geheimdienstoperationen mit dem Ziel der Desinformation. Deswegen stehen die Leute mit ihren Kameras auch vor Area 51, anstatt vor Nellis Air Base oder Vandenberg Air Base, jeweils in den USA. Und wer sagt denn, dass sich außerirdisches Engagement auf unserem Planeten und die Aktivitäten der Geheimdienste nicht ergänzen? Sind wir sicher, dass die US-Regierung nicht mit Aliens zusammenarbeitet?

Auch hierüber hat die Ufologie sicherlich einiges in ihren Akten. Weiß die US-Regierung überhaupt davon? Bill Clinton hatte während seiner Präsidentschaft die einschlägigen Unterlagen beim Geheimdienst angefordert und wurde nach Einsicht in diese, so ist überliefert, käsebleich. Präsident Jimmy Carter bat nach Durchsicht dieser einschlägigen Akten um eine Stunde Abgeschiedenheit. Was mit Präsident John F. Kennedy (JFK)passiert ist, ist allgemein bekannt.

Zwei Wochen vor dem tödlichen Attentat auf ihn hatte er die UFO-Unterlagen angefordert. Gerade der Fall JFK muss uns zu denken geben, da das Attentat zufällig gefilmt und hinreichend dokumentiert wurde. Es war deutlich zu sehen, dass der Schuss von vorne kam und bei Kennedy die hintere Schädelplatte herausgerissen hat. Zeigt mir die Kugel, die von hinten kommt, sich um 180 Grad dreht und hinten wieder herausfliegt. Darüber habe ich schon in meinem Buch „Das geheime deutsche Erbe" spekuliert. Warum muss ich hier wieder an die „kleinen Schweinchen" denken?

Wie dem auch sei. Die Aufmerksamkeit und Beobachtungen der Zeugen sowie die Fotos, evtl. mit einer wackeligen Kamera geschossen, sind ausschlaggebend für die Dokumentation von Beobachtungen. Essenziell ist, dass Lügner und Wichtigmacher separiert werden. Hinter all den Lügen und Verschleierungen findet sich die Wirklichkeit.

Bin ich nun der erste Militärufologe und damit Begründer einer neuen Dynastie von Forschung, um unidentifizierte Flugobjekte einer neuen Spezies zuzuordnen? Ich befürchte eher, auch ich habe an der ganzen Wahrheit nur gerochen. Es war der Gestank von Verrat an der Menschheit, der üble Geruch missbrauchter und verwesender Körper, die unsere Geschichte zieren. Auf die Geschichte der Menschheit braucht niemand stolz sein, wir Deutschen schon gar nicht und die, die die Freiheit brachten und doch nur geplündert haben, auch nicht.

Was mich wirklich interessieren würde ist, was wissen die Behörden der Bundesrepublik? Wie sagte doch einst Präsident Barack Obama? Deutschland ist immer noch ein besetztes Land, das den Krieg verloren hat. Haben unsere so guten Freunde und Verbündeten durch diese Aussage etwa ihr Gesicht verloren? Die Presse hat die Worte von Obama weitestgehend ignoriert. Hatten die USA überhaupt je ein „Gesicht“? Die USA ist ein Land, das heute Verträge unterschreibt und morgen in den Müll schmeißt.

Warum denke ich hier an den Hitler-Stalin-Pakt? Dass 3. Reich hat Russland am 2. Juni 1941 überfallen. Die Russen hätten eine Woche später Rumänien angegriffen (siehe das Buch „Der Eisbrecher“ nach alten KGB-Unterlagen). Hitler war schneller und deswegen gab es auch die Anfangserfolge. Das ist keine Propaganda, sondern Geschichte! Aber das kam auch erst später ans Licht.

Hier möchte ich die Frage stellen, was das Kanzleramt tun würde, wenn einmal so ein Ding über Deutschland runterkracht, wo man sich unter Freunden doch nicht abhört? Käme vielleicht nur eine Protestnote der deutschen Regierung für eine verstrahlte Stadt? Den Absturz eines unbekannten Flugobjekts hatten wir schon einmal. Im Frühjahr 2017 stürzte nördlich Ingolstadt ein "schwarzes Dreieck", ein „Bat“, ab, was aber glimpflich abging. Denen die dafür verantwortlich sind, sei Dank. Das Objekt wurde von schweren Hubschraubern geborgen. Bei meiner Heimatzeitung habe ich zu dieser Begebenheit nachgefragt. Für die Redakteure waren das Sternschnuppen! Das Eisen war ihnen wohl zu heiß. Ich glaube, wenn es um die sprichwörtliche "Wurst" geht, da kommen die Journalisten schon mit voller Hose in die Redaktion. Man ist ja kein Verschwörungstheoretiker. Nach diesem Vorfall bei Ingolstadt wurden jedoch die Flugrouten der „Bat`s“ geändert, so dass sie jetzt weiter östlich über Franken und weniger besiedeltes Gebiet gesichtet wurden. Das kann auf YouTube gesucht und gefunden werden, so z.B. wurde eine Beobachtung über Königsberg in Franken gefilmt und die Frage gestellt, was ist das? Die Antwort ist: Das ist das gleiche Objekt das gelegentlich über einem Getreidefeld steht und für eine Verdummung der Ufologen sorgt, also eine erfolgreiche Desinformation.

Im Frühjahr 2021 veröffentlichten die US-Behörden brandaktuelle Fotos von UFO-Sichtungen durch US-Piloten.

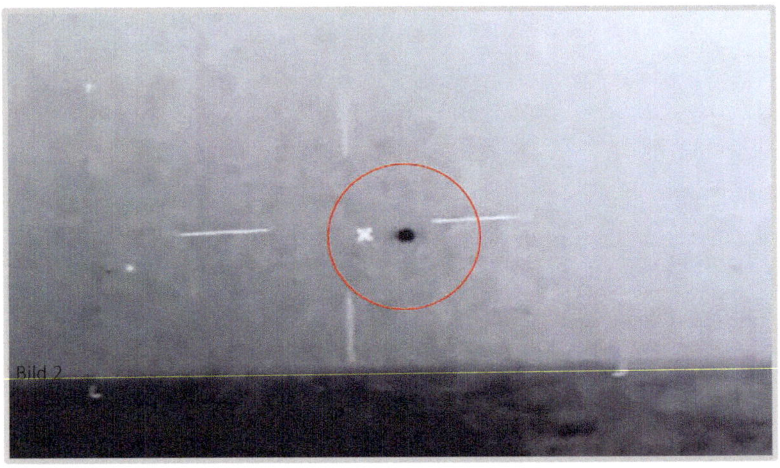

Bild 1

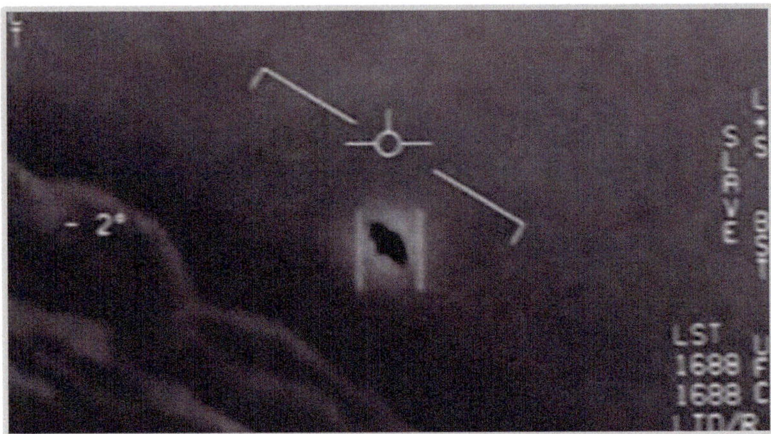

Bild 2

Überzeugen sie sich selbst anhand der Berichterstattung in TV und Internet. Ich persönlich kam zu folgendem Schluss:

Diese beiden Bilder sind der neueste Streich von Vertuschung und Desinformation. Die US-Regierung veröffentlichte diese neuesten UFO-Bilder. Im TV wird die Frage gestellt, sind die Dinggefährlich für die USA. Die UFO-Gemeinde rotiert förmlich auf der Suche nach Antwort.

Geben wir sie doch schnell noch vor dem nächsten Kapitel.

Das spindelformige Objekt (Bild 2), ohne Tarnung wohlgemerkt. Ich würde es für eine Versuchsdrohne halten, mit Antigravitation. Schnell und ungeheuer manövrierfähig wie viele Vorgängertypen. Was mir dabei auffallt ist der Ring um das Gerät. Es unterstützt meinen Gedanken, dass die Antigravitation durch einen Ring aus flüssigem Quecksilber unterstützt oder erzeugt, wie auch immer, wird. Das kleinere Objekt (Bild 1) mit derselben Technik. Nur in Miniatur. Sehen wir hier die neue Drohnengeneration des 22. Jahrhunderts? Oder schon die von morgen? Denken wir uns jetzt noch die Tarnung dazu. Da fällt mir jetzt nichts mehr ein ... was ein Horror!!

Und dann noch die Frage nach der Gefährdung der USA. Wer ist da wohl mehr in Gefahr? Auch hier wird meiner Meinung nach die UFOlogie zur Desinformation missbraucht.

Wenn sich Historiker, Militärs und Ufologen weiterhin mit Nichtachtung oder Verachtung begegnen, werden viele Rätsel und Geschehnisse weiter im Dunkel bleiben.

Dazu gehört auch das Wissen über unsere Nachbarn im Weltall.

WIR KÖNNEN ES NICHT ÄNDERN,
ABER WIR KÖNNEN WACHSAM BLEIBEN!

KAPITEL 16
UND WAS NOCH BLEIBT ...

das sind die ungelösten Fragen, die auch die Militärgeschichte nicht aufklären kann, Fragen, die auch nicht über Indizien und Rückschlüsse zu beantworten sind, Fragen, die wohl ohne Antwort bleiben werden.

Da wäre zunächst die Akte Dr. Hans Kammler. Er soll Anfang März 1945 gegenüber Albert Speer gesagt haben, er wolle zu den Amis gehen. Damals sagte Hitler über Kammler, dass er zu größten Hoffnungen Anlass gebe. Kammler hat seinen Selbstmord vorgetäuscht, wohl mit Hilfe treu ergebener Mitarbeiter bzw. Untergebener. Aber, wie ging das vonstatten und woher wussten die Alliierten, wie Kammler tickt? Hatte er eine Botschaft geschickt und wenn ja, an wen und wie? Mir ist der Gedanke gekommen, dass eine Möglichkeit dafür der große Gefangenenausbruch aus dem Lager Sagan (heute Żagań, Polen) gewesen sein könnte, der später von Hollywood verfilmt wurde, da Kammler ja Kontakt zu vielen Zwangsarbeiter in diversen "Lagern" hatte, oder das dies über bis heute unbekannte Dritte erfolgt ist.

Kammler hatte so viele brisante Informationen anzubieten, dass eine ganze US-Armeeeinheit unter General George Patton in Marsch gesetzt wurde, wie bereits besprochen und dass er dafür sogar bereit war, seine Frau in Deutschland zurückzulassen.

Die Jagd der US-Amerikaner über Thüringen nach Pilsen musste wie gesagt schnell gehen, um vor den Russen dort zu sein. Bei dem Vormarsch haben die Amerikaner in Thüringen sogar ihre Toten zurückgelassen, was doch ziemlich einmalig war.

Es wurde kolportiert, dass ein "Kreisel" in der Nähe des Prager Flughafens selbst vernichtet oder gesprengt wurde. In der Zeitschrift „SPIEGEL" vom 30.03.1950 wurde ein Bericht über den sogenannten "Schriever-Habermohl-Kreisel" veröffentlicht. Es ist

Dieses merkwürdige Bauwerk wurde im Zusammenhang mit der Entdeckung der sogenannten NAZI-Glocke bekannt. Vermutet wurde, dass das Bauwerk als Teststation gebaut wurde. Ich teile diese Meinung nicht. Da passt ein Diskus drauf wie die legendäre Faust auf`s Auge.

sicher, dass diese Konstruktion geflogen ist. Und es gibt den sogenannten Fliegenfänger in Thüringen. Das war kein Teststand für die "Glocke", da bin ich mit auch absolut sicher.

Das diese Geschichte in der Versenkung verschwunden ist, gibt auch zu denken. Oder Kammler hat einen der sogenannten "Kreisel" in Marsch gesetzt, geflogen von einem seiner getreuen Vasallen zu den Alliierten. Das könnte vielleicht sogar die Sichtung aus dem Jahr 1945 sein. Möglich wäre es, da es jedenfalls kein Alien oder Zeitreisender war. Zum militärischen Aspekt ist zu sagen, dass die Vorbereitung der gesamten Operation eine gewisse Zeit brauchte, da sich so schnell nicht Hunderttausende GI`s samt Panzern und Logistik in Marsch setzen lassen. Nicht vergessen darf man, dass die Amerikaner in ein später von den Russen besetztes Gebiet einmarschierten. Möglich oder auch wahrscheinlich ist, dass die "Beute" den Obersten der US-Armee schon vorher bekannt war. Wie in diesem Buch bereits erwähnt, war der Code der Verschlüsselungsmaschine ENIGMA, auch die Geheimdienstversion mit vier Walzen ohne Umkehrwalze, bereits geknackt und zwar gleichzeitig mit der italienischen ENIGMA-Version. Das ist sicher und geschichtlich bestätigt. Sowohl Patton als auch Eisenhower hatten eine SLU, eine Special-Laison-Unit zum Entschlüsselungszentrum in Bletchley-Park, England.

Ich erachte es für sehr wahrscheinlich bis sicher, dass die Alliierten längst über die einschlägigen Entwicklungen zur Antigravitation, zu den Foo-Fighter, zur Alientechnik und zur Magnetfeldtechnik Bescheid wussten. Vielleicht habe ich noch etwas vergessen? Auch mir sind die Geschehnisse um Kammler immer noch ein Rätsel.

Die Hitliste der größten Verräter des 2. Weltkrieges dürfte einen neuen Spitzenreiter bekommen haben. Der legendäre Dr. Richard Sorge, dürfte von Hans Kammler abgelöst worden sein, da dessen Wirkung auf die Weltgeschichte nicht annähernd abzuschätzen ist. Hans Kammler ist die ganze UFO-Thematik zu verdanken. Da können auch der legendäre Atomspion Klaus Fuchs und die ebenso legendären "Cambridge-Five", die jeweils für die Sowjetunion tätig waren, nicht mithalten. Womöglich war Hans Kammler der mit Abstand größte Verräter der Weltgeschichte.

Zur Information: Dr. Sorge steckte den Sowjets, dass die Japaner die Sowjetunion nicht angreifen werden. Somit konnte Stalin den Osten von Truppen entblößen und diese gegen die Wehrmacht werfen, was die Sowjets letztlich rettete.

Diese Zeichnung stammt aus der Zeit der belgischen UFO-Welle, über deren Sinn habe ich schon geschrieben. Die Position der drei weißen Lichter wurde nicht ganz exakt gezeichnet. Das schwarze Dreieck konnte ich zuordnen. Ebenso als Baumaterial Beryllium. Dieser Energie- oder Lichtstrahl, der aus der Mitte zu Boden geht. Dafür fehlt mir jegliche Erklärung. Dieser Vorgang wurde mehrmals beschrieben, auch von dem Zeugen im Wald östlich Eichstätt beobachtet.

Worauf ich auch keinerlei Erklärung habe, nicht einmal ansatzweise, betrifft das Foto auf der Seite davor, aus den Tagen der „Belgischen UFO-Welle im Jahr 1990

Das selttsame ist der "Strahl" von dem Fluggerät zur Erde. Das gleiche Phänomen beobachtete der Zeuge aus Eichstätt in Bayern nachts in dem Wäldchen östlich der kleinen Gemeinde Pietenfeld, nicht weit weg von der Kreisstadt Eichstätt. Gut, Ross und Reiter kennen wir, ein "Bat" im Dienst der NRO. Aber was zum Teufel bewirkt der Strahl zum Erdboden? Zieht er Energie aus dem Boden, oder was? Es tut mir leid, liebe Leser, aber darauf vermag ich nicht einmal im Ansatz eine Erläuterung liefern, sondern nur eine Alientechnik vermuten.

Ach, den haben wir ja auch noch! Unseren "Hugo". Er und seine Freunde sind für alles Krumme und Schiefe in unserer Geschichte verantwortlich. Für all die Unfälle mit Experimentaltechnik und alle nicht identifizierbaren Sichtungen, also für all das, wofür wir keine Erklärung finden, weil es geheim ist.

Beschäftigen wir uns doch einmal etwas genauer mit unseren "Freund". Er hat eindeutig einen Migrationshintergrund. Gesehen wurden er und seine Freunde schon öfters bei Begegnungen der sogenannten 3. Art, z.B. bei Entführungen oder anderen Gelegenheiten. Darum wurde er auch immer relativ gut beschrieben. Es ist ein "Grey". Seine Art wurde einmal größer und ein anderes Mal kleiner beschrieben. Die Hauptmerkmale blieben jedoch meistens gleich. Wohnen soll dieses Wesen mit Duldung der Behörden nach ziemlich sicheren Gerüchten in unterirdischen Anlagen in der Nähe von Dulce in New Mexico. Beim Recherchieren nach Phil Schneider und Dulce findet man Angaben darüber, dass dort US-Truppen stationiert sind und auf die Leutchen aufpassen. Ein anderer Zeuge berichtete aber, „DIE“ haben das Sagen und nach dieser Aussage ist er mit Karacho geflitzt. Da tauchen doch die Fragen auf: Welchen Einfluss haben die "Grey's" auf die US-Politik? Wie viele US-Bürger verschwinden jedes Jahr spurlos?

Haben die „Gäste“ damit zu tun?

Schauen wir uns den „Burschen“ doch einmal etwas genauer an: Auffallend große Augen, Seine Heimatsonne hat anscheinend wenig Licht (Klasse M-Stern?), dünne graue Haut. Hat unsere Sonne für ihn gefährliche Strahlung, oder ist es ihm zu heiß? (Der Typ ist nicht daran interessiert, dass die Erde noch wärmer wird). Eine schmale Hühnerbrust (So was ist doch das perfekte Opfer für eine Lungenseuche). Aber dumm ist er nicht! Vielleicht ein wenig Jahrtausende lang Inzucht? Haben die hier ihre Schweinchenzucht oder sind es die Eltern der Menschheit. Oh, ja, auch das sind noch offene Fragen. Es gibt ja Berichten zufolge etliche Rassen, die sogar in Geheimdienstkreisen bekannt sind. Was mir da noch einfällt: Es wird ja auch immer wieder über Vergewaltigungen von Entführungsopfern berichtet. Also unser "Hugo", mit seinem bisserl Dingsbums, der war es nicht.

Ein wenig Heiterkeit möge man mir verzeihen. Oder ist es Galgenhumor? Aber vielleicht gibt uns die Zukunft auch hier einmal eine Antwort. Es würde mich sehr interessieren, was dahintersteckt.

Aber von den Behörden kann man wohl nicht erwarten, dass sie die Wahrheit sagen.

Die normalen Bürger, egal welcher Nationalität, sind der Wahrheit wohl nicht wert. Sind vielleicht die Eiferer im Internet das Licht der Wahrheit oder der Nebel, in dem sich die Schattenmänner verbergen? So wie die Außerirdischen in den Kornkreisen nebst ihren Botschaften? Ich vermag es nicht zu sagen. Vielleicht sind wir auch die „kleinen Schweinchen“?

Das schreibt ein Münchner Autor wohl voller Verzweiflung. Klar, in aller größter Not „Hugo wars“! So der Münchener Merkur.

Nun gut, ein Rätsel lösen wir, ein anderes tut sich auf. Ich möchte dieses Kapitel schließen mit dem Aufruf: „BLEIBEN SIE WACHSAM!“ Ich möchte Ihnen das ans Herz legen. So wie es dieser eine ungenannte Zeuge mit seinen sensationellen Bildern getan hat. Eines Tages werden vielleicht auch Sie mit Ihrem Handy so ein Rätsel lösen.

Nein liebe Leser. Eher eine Warnung vor guten Freunden...

Dies alles in der Nähe von Augsburg im Jahre 2016. Wie verzweifelt muss man doch sein, um alles dem „Hugo“ in die mutmaßlich nicht vorhandenen Schuhe zu schieben.

Ist der Kornkreis von Raisting Warnung?

Ich glaube sie wissen es mittlerweile besser, und der Kollege von der schreibenden Zunft vielleicht auch.

EINS IST SICHER, ER HAT ES ELEGANTER FORMULIERT UND NICHT SO DERB WIE ICH.

EINE NACHBETRACHTUNG

Spass bei Seite, ein blonder Alien – Sind wir dafür bereit?

Wir haben einen "Freund" entlarvt, unseren guten "Uncle Sam". Die wunderschönen Kornkreise sind nur Makulatur. Sie dienen dazu, Desinformationen zu verbreiten, Leute zu diskreditieren, Technik zu verschleiern. Zielpersonen der Desinformationen sind diejenigen, die nicht identifizierbaren Objekten nachspüren, die an außerirdisches Leben glauben, die der Meinung sind, dass die Geschichtsschreibung in vielen Teilen lügt und die Geschichte der Menschheit von außerirdischem Leben beeinflusst wurde.

Wie nennt man diesen Personenkreis? Verschwörungstheoretiker, Anhänger der Präastronautik oder nur Ufologen? Genau, es ist der Personenkreis, den die Allgemeinheit für bekloppt hält. Es ist ja auch manches Schräge bei den Beobachtungen dabei. Ich will hier dazu nichts aufzählen. Die Mehrheit der Bevölkerung interessiert das nicht. Sie sind der Meinung, was sie nicht in der Zeitung lesen oder im Fernsehen sehen, das gibt es einfach nicht. Glauben tun sie es auch nicht und Interesse daran haben sie auch nicht. Wichtiger für sie ist, was es heute zum Mittagessen gibt.

Mich interessiert es sehr wohl, was über meinem Kopf herumfliegt, auch wenn an den Geschichten nichts stimmt. Ich will wissen, wer mich abhört, Gesetze ignoriert, meine E-Mails mitliest, auch wenn ich eine „gute" Absicht nicht ganz ausschließen will, nämlich die Sicherheit nach allen Seiten.

Die Arbeit der Geheimdienste hat sich geändert. Die „alte" Zeit der gepflegten Spionage ist weitgehend vorbei. Die Minikameras, die brisanten Akten, die belastenden Fotos, die toten Briefkästen, die untergeschobenen Wanzen und die Venusfallen sind alle reif für das Museum. Auch die „Pimperschulen" in den Ausbildungsabteilungen entlocken uns nur noch ein müdes Lächeln.

Das Heute sieht anders aus. So, wie ich das sehe, nach Lage der Dinge und der zu Papier gebrachten Indizien werden wir von unsichtbaren Flugobjekten überwacht und komplett abgehört, und zwar von Objekten mit hohem Energiebedarf und einem zumindest anfälligen Antriebssystem alternativer Art. Das heißt dann "Hinweis befreundeter Dienste".

Ich bin also auch ein Verschwörungstheoretiker. Dies bin ich solange - wie so viele vor mir -, bis die Wahrheit ans Licht der Sonne kommt.

Die Beweise jedoch existieren. Alle Zeugen, die jemals dieses Lichterdreieck am Himmel gesehen haben, so wie mein Freund Willi, können meine Gedanken nachvollziehen.

Ich bin ja sehr gespannt darauf, ob nach Veröffentlichung dieses Buches noch Kornkreise entstehen, „echte" Kornkreise meine ich und zwar mit Magnetfeldern, ohne Beteiligung feuchtfröhlicher Burschenschaften.

Neuerdings ist ein neues Phänomen aufgetaucht: Metallene Stelen, die aus dem Nichts irgendwo aufgestellt werden. Das obige Foto wurde in Utah aufgenommen.

Nun, ja, da haben die Herrschaften es nicht weit gehabt und ist schon ein wenig phantasielos abgegriffen aus dem Film „Odyssee im Weltraum" aus dem Jahr 1968. Wie sie bemerken, fehlt mir dazu auch die Kreativität, dies näher zu kommentieren. Also, die Kornkreise waren schöner als die Eisendinger.

Die USA sind unsere Verbündeten und NATO-Partner. Es täte diesem Land gut zu Gesicht stehen, mit offenen Karten zu spielen. Sie könnten zugeben, ja, wir haben Technik in Nazideutschland erbeutet, ja, wir verfügen über Antigravitation, ja wir verfügen über ein System zur Tarnung, ja wir betreiben unsichtbare Flugkörper und vielleicht auch, ja wir hören Deutschland ab.

So etwas wie die Kornkreise, das ist Kinderkram und nur gut dazu, um neugierige Personen in die Irre zu führen und Leute, die Erklärungen suchen, für dumm zu verkaufen - mehr nicht.

Aber sie wissen ja, auf einen groben Klotz ...

Euer Oliver Tonio Stoll

DANKSAGUNG

Ein herzliches Dankeschön,

geht an jene anonyme Person, die mit ihrer schnellen Reaktion und klugen Handlungsweise dieses Buch erst ermöglicht hat.

Ein weiteres Dankeschön geht an meinen lieben Schwager, Herrn Jürgen Rebinski, und Gabriela Schneider für ihre Korrekturen im Manuskript.

Auch sei allen Personen gedacht, die über Jahrzehnte hinweg beobachtet, dokumentiert und fotografiert haben. Ihre Arbeit hat die weitgehende Aufklärung der „Akte UFO" erst möglich gemacht und dadurch auch die Angelegenheit „Kornkreise".

Aus tiefem Herzen einen besonderen DANK an meine Frau, meinen Schwager und meine Schwägerin für ihre Geduld.

... und vielen Dank Rudolf!

QUELLENANGABEN

„Kornkreise eine Geheimdienstoperation

Bei Inhalten in diesem Werk, die vom Verlag erstellt wurden, werden die Urheberrechte Dritter beachtet, insbesondere werden Inhalte Dritter als solche gekennzeichnet. Sollten Sie trotzdem auf eine Urheberrechtsverletzung aufmerksam werden, bitten wir um eine entsprechende Mitteilung an den Verlag.

Quellenangaben zu den verwendeten Bildermaterial.

Seite 9	Die Frage nach dem	istockphoto.com
Seite 15	BIG CHANGE	istockphoto.com
Seite 19	USA im Krieg	istockphoto.com
Seite 20	Panzerkreuzer	istockphoto.com
Seite 25	For the people	istockphoto.com
Seite 27	Messe in denUSA	istockphoto.com
Seite 31	Fact	istockphoto.com
Seite 35	Kornkreise	istockphoto.com
Seite 36	Kornkreise	OSR.org
Seite 36	Kornkreise	BR.de
Seite 37	Kornkreise	Spiegel.de
Seite 37	Mann mit Brett	Auf dem Berg.de
Seite 38	Kornhalm	Inquibidt.wiki
Seite 39	Gummi Panzer	m.faz.net.
Seite 41	Roswell	The Taos News
Seite 43	MUFON,	facebook.com
Seite 44	George Adamski,	uforg.asn.an
Seite 45	UFO-1945	WELT.tv

Seite 46	Dr. Ing. Hans Kammler	ruhr.uni.Bochum.de
Seite 47	Der gemeine Zufall	istockphoto.com
Seite 48	Lichtkugel	You Tube, Mary Bloden
Seite 49	Ob echt oder unecht	LZV.de
Seite 51	Jagtstaffel - Foo-Figther	historycollection.com
Seite 52	Foo-Fighter über Japan	historycollection.com
Seite 53	Italy 1945 Foo Fighter	Uforesarchnetwork.probards.com
Seite 55	George F. Gorman	Archiv Verfasser
Seite 56	Piper Cub 1948	Airport.dato.com
Seite 56	Gorman-Dogfight 1.10.48.	Archiv Verfasser
Seite 57	Geisterraketen-Affäre	Wikipedia.de
Seite 58	Carl-Gösta Bertoll	Wikipedia.de
Seite 59	Weises Haus- Formations-	Are51.org
Seite 61	Raumschiff Lichtorgel	istockphoto.com
Seite 63	Raumschiff	istockphoto.com
Seite 64	Nazi Glocke	Welt.de
Seite 65	Gary McKinnon,	Free.gary.org.uk
Seite 66	Adam & Eve Entschlüsse-	Wikipedia.de
Seite 67	USS Eldridge 1943	Wikipedia.org
Seite 68	Installation Eldrige	All thats Interesting.com
Seite 70	Adm. Richard Byrd	Wikipedia.org
Seite 71	Dokument UMBRA	Uforesarchnetwork.probards.com
Seite 72	USS Phillippine Sea	Wikipedia.org
Seite 74	Malmstrom Air Base	You Tube.com
Seite 74	Minuteman Silo	Black Hills Badlands com
Seite 76	Geheimnisskrämerei UFO	istockphoto.com
Seite 77	Rabenstein an der Pielach	osr.org
Seite 78	Kornkreis	osr.org
Seite 79	Kecksburg Absturz 1966	cenap.newsflash
Seite 80	Majestic 12	very top secret Information.com
Seite 81	James Forrestal	history.defence.gor
Seite 83	UFO-Bericht Ingolstadt	igeap.de
Seite 84	Der Kalte Krieg	Planet Wissen.com
Seite 85	Glienickerbrücke	Wikipedia.de

Seite 87	UFO-Sichtungsbericht IN	UFO-Datenbank.de
Seite 88	Zeichnung Sgt. Penniston	history.com
Seite 89	Cash-Landrum-Vorfall	Allmystery.com
Seite 90	BAT	Belg.Ufo.com
Seite 91	Sowjetische Angriffsdoktrin	Wikipedia.org
Seite 95	Sichtung Dachluke	you tube.com
Seite 98	Ein binärer Code	students.ch
Seite 99	Werde wach.de	Werde wach.de
Seite 101	Mit Grüßen nach Nacza	grenzwissen aktuell.com
Seite 102	Watch Yu	Cenap.com
Seite 103	Apollo 13.	history.com
Seite 104	Der Spiegel, 30.3.5	Der Spiegel, 30.3.5
Seite 105	Georg Patton	Youtube.com
Seite 106	Endstation Kecksburg	The Ufo chronicels.com
Seite 110	Acker	istockphoto.com
Seite 113	Kennedy	CNN.com
Seite 114	Obama	CNN.com
Seite 115	US-Pilot Bild 1	very top secret Information.com
Seite 116	US-Pilot Bild 2	very top secret Information.com
Seite 119	Was Bleibt	istockphoto.com
Seite 120	Fliegenfänger	Wikipedia.org
Seite 122	Die belgische UFO-Welle	Wikipedia.org
Seite 124	Hugo der Alien	Istockphoto.com
Seite 126	Kornkreis Mammendorf	Münchner Merkur
Seite 127	Nachbetrachtung	istockphoto.com
Seite 129	Steele	Wikipedia.org

ENIGMA – ZERSTÖRER DES III. REICHES

ISBN: 973-3-87249-382-8

DasGeheimnisUltraENIGMA

von Oliver Stoll

Kein Krieg in der Geschichte der Mensch-heit gab und gibt uns noch so viele Rätsel auf wie der 2. Weltkrieg. An einer zweiten Front fand der geheime Krieg der Krypto-ogen statt.

Ihr Kampf galt dem Wissen um die Pläne des Nazireichs. Die Funkentschlüsselung im 2. Weltkrieg war eine der geheimsten und u mfangreichsten Operationen der Alliierten i n der Neuzeit.

Erst Ende des letzten Jahrhunderts bekannt geworden, besiegelte ULTRA die Nieder-lage des Deutschen Reiches unter Hitler. Sie, den geneigten Leser, möchte der Autor an die Hand nehmen und mit Ihnen diese versteckte Vergangenheit erkunden. Auf seine einzigartig klare und direkte Art schafft er es, wie in dem Buch “Das geheime deutsche Erbe”, die komplizierte Technik und ihre Entwicklung auf verständliche Art und Weise spannend zu präsentieren.

IM KELLER DER GESCHICHTE

ISBN: 973-3-87249-374-3

DasGeheimeDeutscheErbe–Die AkteUfo

von Oliver Stoll

Die Worte des Autoren haben die Wucht einer Panzerfaust. Seine Argumente fes-seln bis zum Ende und zeigen eine völlig neue Sicht auf die Ufologie: Worte wie Faustschläge, Kapitel wie Schwertstreiche, kein Gelaber. Die Brutalität der Enthüllun-gen ist absolut neu.

In den Kellern der Geschichte ruhen Akten, die Militär und Geheimdienste gerne dort gelassen hätten. Das Ende des zweiten Welt-kriegs gibt uns noch immer einige Rätsel auf. Dazu gehört die Geschichte der nicht iden-tifizierbaren fliegenden Objekte. Der Autor näherte sich diesen über die Akte UFO (deutsche militärische Geheimprojekte des 3. Reichs) sowie dem Know-how-Transfer in den letzten Tagen des Zweiten Weltkrieges in die USA. Nach Jahrzehnten internationaler Dokumentation gibt der Autor zum ersten Mal Antworten zu Herkunft, Technik und Werdegang der geheimnisumwitter-ten Objekte und zu alten Rätseln. Deren Lösung sind von bedrückender Ak-tualität. Er lüftet den Vorhang der größten Verschleierungs- und Desinforma-tionskampagne, die die Welt je gesehen hat.

PHÄNOMENE UND NOCH VIEL MEHR UNERKLÄRLICHES

ISBN: 973-3-87249-388-0

DieUFO-Fallakten

von Roland M. Horn

Seit Jahrzehnten untersuchte der Autor für die UFO-Forschung (GEP e.V.) – aber auch für die Deutschsprachige Gesellschaft für UFO-Forschung e.V. (DEGUFO e.V.) sowie für andere Gruppen und in Eigeninitiative – UFO-Sichtungen und Entführungsfälle durch Außer-irdische.

Er führt den Leser tief in Teilbereiche des UFO-Phänomens hinein, die gerade im deutschsprachigen Raum viel zu wenig Beachtung finden.

Im Rahmen dieses Buches werden unter Berücksichtigung der UFO-Fallakten die Argumente der Betroffenen sowie der Speziallisten hinterfragt und auf die Wahrscheinlichkeit geprüft.

Es bleibt die Erkenntnis, dass das UFO-Phänomen immer noch viel mehr Unerklärliches zu bieten hat als viele es für möglich halten. Bei der Betrachtung der sogenannten UFO-Entführungsfälle (Der Begriff ist eigentlich vollkommen falsch gewählt, denn es werden ja keine „UFOs" entführt – was immer man sich unter diesem theoretischen Begriff auch immer vorstellen mag), fällt auf, dass dieses Phänomen weitaus viel-schichtiger ist als man auf den ersten Blick annehmen möchte.

LEMURIA – DER URSPRUNG DES MENSCHEN

ISBN: 973-3-87249-390-1

Lemuria

Ein Blickauf denAnderen versunkenenKontinent

von Roland M. Horn

Wenn wir von einem versunkenen Kontinent hören, denken wir meist unwillkürlich an Atlantis. Doch je mehr wir uns mit diesem Thema beschäftigen, desto mehr stoßen wir auf einen zweiten untergegangenen Kontinent, der meist „Lemuria" genannt wird.

Nicht zuletzt anhand der Recherchen des wohl besten Atlantis- und Le(MU)-ria-Forschers und -Kenners in Deutschland, dem jüngst verstorbenen Bernhard Beier, schildert der Verfasser zum einen die natuwisen-schaftlichen Beweise, die für die Existenz von Lemuria sprechen, zum anderen macht er auch von esoterischen Quellen Gebrauch, die auf ein einzigartiges Wissen über die Menschen und Lebensform dieser früheren Welt hinweisen.